名·师·教·育·坊

理想的教育：
一个中学校长的追寻

陈东永　编著

四川大学出版社
SICHUAN UNIVERSITY PRESS

图书在版编目（CIP）数据

理想的教育：一个中学校长的追寻 / 陈东永编著.
成都：四川大学出版社，2024.11. --（名师教育坊）.
ISBN 978-7-5690-7501-4

Ⅰ．G637.1

中国国家版本馆 CIP 数据核字第 20255QN580 号

| 书　　名：理想的教育：一个中学校长的追寻
Lixiang de Jiaoyu: Yige Zhongxue Xiaozhang de Zhuixun
编　　著：陈东永
丛 书 名：名师教育坊

丛书策划：梁　平　唐　飞
选题策划：邱小平　梁　平　孙滨蓉
责任编辑：梁　平
责任校对：李　梅
装帧设计：裴菊红
责任印制：李金兰

出版发行：四川大学出版社有限责任公司
　　　　　地址：成都市一环路南一段24号（610065）
　　　　　电话：（028）85408311（发行部）、85400276（总编室）
　　　　　电子邮箱：scupress@vip.163.com
　　　　　网址：https://press.scu.edu.cn
印前制作：四川胜翔数码印务设计有限公司
印刷装订：成都金龙印务有限责任公司

成品尺寸：170 mm×240 mm
印　　张：11.5
字　　数：218千字
版　　次：2025年2月 第1版
印　　次：2025年2月 第1次印刷
定　　价：68.00元

本社图书如有印装质量问题，请联系发行部调换

版权所有 ◆ 侵权必究

序

教育是专业的、科学的，也应当是深情的、浪漫的，尤其是我们中小学教师，面对的是一个个纯真、有好奇心、富想象力、有自由感的生命。所以，我认为，理想的教育应当在这个基础上去追求、去创造、去书写，努力绘制一幅幅自由、生动、美妙的画卷，去孕育一篇篇温暖人心的教育故事，努力在孩子们的内心留下微笑、拥抱和美好回忆，那也是他们幸福人生的基础。

1992年7月，我大学毕业，背上行囊，踏上奔赴成都的路。命运垂青，我被招录进成都最负盛名的学校之一——树德中学——担任高中教师。2000年我开始担任学校中层干部，也就是在这一年，各地高中名校开始扩大办学规模，私立学校数量快速增加，校外培训机构逐渐涌现，随之而来的就是愈演愈烈的"生源竞争""分数竞争"，一些名校内部教学管理的弦绷得越来越紧，甚至动作变形。

2010年2月，我开始担任树德中学校长，致力于从教育生态、文化理念、内部管理等方面去改变和扭转一些东西，如发布控制学生作业负担的学校文件、砍掉"月考"、大幅减少高三补课时间、严禁延长住校生晚自习时间等。同时，我在学术思想建设、教师专业发展、高水平管理等方面寻找新的增长点，"把扭得过紧的螺丝松一两圈"。结果，树德中学的高考成绩在原来就不错的基础上，还有了更大的跃升，这令人惊喜的成果给了我信心，让我有了新的渴望。

在担任树德中学校长近10年后，我向组织提出不再担任校长一职。2019年9月，我作为人才被引进到四川天府新区工作，2020年创办成都天府中学，担任校长。近4年时光，我最幸运的，一是天府新区各级领导和各部门的充分信任和大力支持，使我得以在这片土壤上去追寻理想的教育；二是遇见了一大批和我有着同样教育梦想的优秀老师，让天府中学理想的教育画卷有了展开的可能；三是在当下尤为紧张的教育环境中，还有那么多有教育远见的家长，选择信任年轻的天府中学，信任天府中学的教育理念……

我多次给教师讲，天府中学给这个时代奉献出的最珍贵的也是最令我们自己骄傲的东西，是她的教育生态。我们深信，有血肉、有灵魂的人以及真正的人才只有在好的生态中才能走出来。这个生态是许许多多因素相互作用的结果：节奏不紧不慢、倡导弄懂学透和举一反三的教学，不多不少的作业，人与人之间的那份温暖和友好，以及校园里孩子们永远灿烂的笑脸……艺术楼、运动场、音乐厅永远不会成为摆设，体育馆、独立琴房永远为孩子们打开；每天的思辨艺术微课都是孩子们的期待；体育运动节、未来科学节、世界文化节、戏剧艺术节、社团活动日，不是少数人的舞台；还有每年寒冬岁末孩子们翘首期待、盛况空前的露天剧场路演……

在追寻理想教育的漫漫旅途，我们绝不只是言说，甚至宁愿少说。我们更愿意用脚步去行走，用情感去投入，用头脑和智慧去描绘、去创造……

目　录

第一辑　理想·设计·纪实

理想的学校·理想的教育 …………………………………… 003
博雅融通：构建立德树人的高品质育人体系
　　——成都天府中学五年发展规划（2022—2026）………… 007
天府中学三周年（上）：2020校长笔记 …………………… 023
天府中学三周年（下）：我们的教育之路 ………………… 027
博雅教育视野下融合创新课程的实践研究 ………………… 033

第二辑　演讲·访谈·对话

办"最中国"的教育：对话陈东永校长
　　——陈东永校长与《教育导报》记者的对话……………… 71
重拾教育的慢节奏
　　——《中国教育报》专访陈东永校长 ……………………… 75
自今日·至未来
　　——2020年9月新生入学典礼演讲 ………………………… 79
春天开启的飞翔
　　——2021年3月开学典礼演讲 ……………………………… 83
理想的基石：做一个善良且有头脑的人
　　——2021年9月开学典礼讲话 ……………………………… 86
用心灵开启新旅程
　　——2021年9月新生入学典礼讲话 ………………………… 89

迈向未来：憧憬、勇气与行动
　　——2022年2月开学典礼演讲 …………………………… 93
奔赴更深沉的思考
　　——2022年9月开学典礼演讲 …………………………… 95
离开，是为了更好地归来
　　——2023年6月初中毕业典礼演讲 ……………………… 97
学校里最重要的课程
　　——2023年9月开学典礼演讲 …………………………… 100
向成长致敬：我们共同拥有的美好回忆
　　——2024年6月初中毕业典礼演讲 ……………………… 102
天中之音（上）：走出"内卷"和"焦虑"的困境
　　——陈东永校长在成都天府中学"家庭教育讲堂"与家长的对话 ……… 105
天中之音（下）：怎样才能真正学得好、发展好
　　——陈东永校长在成都天府中学"家庭教育讲堂"与家长的对话 ……… 108

第三辑　学术·思想·报告

提升育人效能：文化视角与校园生活构造
　　——2020年12月首届中国基础教育论坛暨中国教育学会第33次学术年会
　　之校长论坛主题演讲 …………………………………… 115
高品质教育：基于常识、科学和关怀的思考与实践
　　——2021年9月四川省教育学会学术年会校长论坛主题演讲 ………… 119
优化教育生态，提升育人质量
　　——2023年9月成都市第39个教师节座谈会上的主题发言 ………… 122
在"育"字上下深功夫
　　——2022年11月天府中学暨天府中学教育集团第一届学术年会开幕致辞
　　………………………………………………………… 124
教育信仰是学科育人的基石
　　——2023年11月天府中学暨天府中学教育集团第二届学术年会开幕致辞
　　………………………………………………………… 126

第四辑　树德中学时期的探索

教育：奠基卓越人生
　　——教育部中学校长培训中心第 6 期全国优秀中学校长高级研究班"陈东永教育思想研讨会"主题报告 …………………………………… 131
追寻自己的路
　　——2019 年 6 月高三毕业典礼演讲 …………………………… 157
知识·深刻·勇气
　　——2018 年 6 月高三毕业典礼演讲 …………………………… 159
精彩的生命往往都有一个艰难的开始
　　——2017 年 6 月高三毕业典礼演讲 …………………………… 161
高中教育：比较视野下的追求
　　——2017 年 3 月在中国·西部国际高中教育发展论坛上的演讲 ………… 164
优化教育生态，促进学生发展
　　——2015 年 12 月民进中央教育委员会、中国教育学会高中教育专业委员会基础教育改革座谈会上的发言（北京市第十二中学） ……………… 167
高中的超越：价值坚守与形态重塑
　　——2015 年 5 月中国教育学会高中教育发展论坛主旨演讲（湖南师范大学附属中学） …………………………………………………… 171

第一辑
DIYIJI

理想·设计·纪实

理想的学校·理想的教育[①]

全国一流、国际知名……这些词汇常常被诸多中国学校用来表述其办学目标。多少人考入清华北大、"985"、"211"乃至"一本"院校,常常被用来评定一所学校教育质量好坏的圭臬。但在古今中外的教育典籍里,关于好的教育,关于教育本质的论述中,我们从未发现这些字眼或类似言说的任何影子。还有那些著名学校,无论是帕夫雷什中学、夏山学校,还是南开、育才或春晖,言及学校或教育,从不这样说话。

我们在思索,也在追寻:一所理想的学校,理想的教育,到底应该是什么样子?

这所学校有一双明亮而深邃的眼睛,她的眼里有"人"、有"生命"、有"未来"、有"人类"、有"世界"、有"天下"。她和学生的家长绝不会局限或沉溺于对分数、名次的追求,而是把学生当作一个个有生命、有思想、有情感的人,并从这三个维度出发,着力去培养一群完整的人。即使是追求学业上的发展、进步,这所学校的教师一定是在"无私的爱、无尽的智慧、教育的科学性和艺术性"上下足了功夫。除了引导学生不断完善自己,这所学校还坚持引领他们走向更广阔的世界、更远的未来。因此,城市、乡村、社区自然环境、国家、社会乃至整个人类世界,都是这所学校独特的教育主题或场景。

由此,这所学校孕育了独特、纯粹的文化生态。对生命的关怀弥散在校园的每一个角落,流溢在每一个人的心底。每一名教师、每一个学生都在这里得到足够的关怀和尊重。学生之间、师生之间、同事之间的相处和交往洋溢着真诚和友善。学校管理彰显着简约、公正、温情和开明。

这所学校的教学楼、图书馆都是舒缓的低层低密度建筑,即使是汇聚了音乐艺术、科学探索、各型学术厅的建筑也不超过五层,不仅方便学生以最短的时间回到地面,来自大地的呵护和滋养让建筑也有了灵气,焕发出生命光彩。

教室里,课桌的布置是自由的,和谐圆润,学生可自成小组,便于对话、

[①] 陈东永:《理想的学校·理想的教育》,《四川教育》,2020年第6期,第1页。

倾听和讨论，并在这个过程中建立起真正的"同学"生态和深厚友谊。

校园里，每栋建筑独立一体，但又自然相通，连接处开阔明亮、温暖亲切。那里有柔和的座椅，有小圆桌，有书报期刊，甚至还有巧克力和咖啡。不同班级、年级的学生在这里相逢，无拘无束，高谈阔论。他们在这里相识并成为最好的朋友。每一间教室、功能室都宽敞明亮、和风通透，学生一转头，就可看见树木的葱郁，闻到窗外的花香。教室内外的储物柜、书架也是必不可少的。那里不仅有学生的课本教材、绘画工具，还有周末在家未读完的《边城》、给朋友准备的生日礼物，要在周三晚自习后亲手交给他。

一年四季，色彩斑斓的植物是这个校园最独特的风景。学生可以在校园里看见四季的更迭，感悟生命的成长，体会欣赏与分享的喜悦。这对心灵人格是一种不可替代、最为纯真的陶冶。这个校园少不了阅读、静思、独处、聊天的好地方。这些空间是孕育独特思维的意境之地。也少不了山石流水、大树草坪，那是校园里的又一个世界。学生在那里或坐或躺，心旷神怡，遐思绵绵。不少课程、演讲、会议、趣谈有可能发生在以上任意一个地方，那是一段别开生面的学习记忆。

这所学校的脊梁——教师，视学生如己出、视书籍如生命。因此，他们永怀一颗仁爱之心，并以此去温暖学生的心灵，为他们带来精神上的明媚阳光。他们是一群永远在路上的学习者和研究者，"阅读、研究、讨论"是他们最痴迷的专业生活。这不仅仅是因为热爱，更因为他们深信，只有这样的追求和跋涉才能让自己撑起教育的那片蓝天，才有可能给学生带来"最值得付出童年和少年时代"的教育。

走在校园里，校长几乎叫得出每一个孩子的名字。学生可能会在校园里的某个位置随时叫住他，甚至先于校长坐在随时开着门的校长办公室里，说说最近几天食堂里或许不那么合口味的饭菜，说说校园里夜晚太暗淡的灯光，说说太多太难的作业……

这所学校是柔性的，充满了温暖，没有恐惧。民主、平等、尊重深植在每一个教师的心灵，成为这所学校最真诚的教育信仰。平和与风度是教师和学生的追求。每一名教师都有足够的耐心，倾听每一个孩子的诉说。理解、信任、包容真的更需要宽阔胸襟和仁心智慧，学生也在这样的氛围中学会沟通，变得豁达。无论是一个怎样形态的班级，班主任或指导教师的首要任务就是组织学生讨论"班级公约"，形成约定俗成的行为准则，为后来集体与个人的自由、积极健康的发展奠定良好的基础。这些准则既触动人心，又令人肃然起敬，因为它既尊重和顺应着学生的天性，也塑造着他们的文明礼仪、诚实品质和责任良心。

　　这所学校的教育哲学之一是等待,她信仰教育的慢节奏。在某一件事情面前,学生可能会保持沉默,不必强求,不必非得追求一个终极的答案,更不必大动肝火,就让它停留在那里。也许有一天学生、教师都想通了,在见面时会心一笑。又或者有的问题永远没有答案,生活中有一些谜,也是一种美。这所学校追求慢节奏。教师要讲懂、讲透,不贪多、求快,学生要有一定时间及空间去想透、想通、想明白。学生不仅学会了理解和做题,更懂得了运用。他们不仅掌握知识,同时对知识的来源、背后的思想也能"说三道四"。

　　这所学校的教学制度和组织形式充满了灵活性,真正做到努力面向每一个学生。分层分类教学、长短课时制是一种常态。学生们每天都会有自习课,教室旁边也都有讨论室。一个学期会有一两周的小学段——自主学习,教师不进教室,让那些在新课学习中略微吃力的学生可以停下来,补一补,追一追;让那些天赋卓异的学生,在创意实验室、图书馆、数据中心去进一步探索;让所有的学生在课本之外,有时间去追寻那个更加丰富多彩的世界,甚至走出校园,去乡村、工厂、博物馆做社会调查、社区服务、职业体验,去看看大数据、物联网、人工智能在如何改变世界与生活……

　　这所学校的教师相信,师不必强于弟子。课堂上,教师总是鼓励质疑、发问,倡导独立思考、对话辩论。教师可以有所不能、有所不知,甚至在某个点上卡个壳、犯个错,都没关系。但他们绝不会搪塞敷衍,更不会强词夺理,正好可以给学生一显身手的机会。这样不仅会减轻教师的思想包袱,学生也会在这样的过程中习得诚实品格,勇于面对错误和不足。

　　这所学校具有艺术、运动气质。音乐厅、戏剧表演中心、舞蹈训练室、网球场、篮球馆、羽毛球馆等一应俱全。音乐、艺术、体育在这所学校是必修课,有丰富的选修项。她坚信音乐、艺术对于人的陶冶,能让心灵有归依、精神有寄托,无论是人生的荣耀时刻还是艰难境地,学生都将拥有另一片深邃世界,让他超越得意忘形或者伤痛迷惘,养成平静之气和坚定之心。绘画教室里常常有孩子坐在那里或临摹或创作,音乐厅、舞蹈室常有社团在排练,有时也有一个人弹琴唱歌的学生。在草坪上看书的那些学生,在中间休息的片刻,随手就用中性笔勾勒出了一幅幅美图,或是两个坐在石凳上聊天的女孩,或是一对正在比手画脚讨论的师生,惟妙惟肖。

　　这所学校崇尚运动。运动场边的器材开架式陈列,随手可取。运动场、体育馆内经常人声鼎沸,不时可看见校长混杂在学生打篮球的队伍中,教师在学生跑步的队形里。这里有乒乓球、排球、羽毛球、足球对抗赛,甚至还有棒球、垒球比赛，队员、观众各得其乐，好不欢心。每个学生都有自己热爱的运动，甚至在体育课或者课间，逮住机会就要和那个赢过自己的同学来个"单挑"。

这所学校热爱阅读和演讲。图书馆的设计照顾了不同的阅读者。阅读者在不同情绪阶段对光线、环境、座位有不同需求，或明亮，或静谧，或端坐，或靠，或席地。阅读区对面有讨论室（对于课题研究小组、活动策划团队等十分有用）和封闭的独立演讲厅。图书馆内没有借阅一说，自取自读，非常方便。学校对教师、学生都规定有校本必读书目，但推荐书目更多。阅读交流分享会周周都有。教师经常把大部分书带到课堂上、教室里，他们不只是教点干巴巴的课文，他们提倡要整本书阅读。学校专设有个体演讲自我训练室。演讲不仅发生在会议、典礼、仪式或者比赛中，即兴演讲随时发生在课堂内外。因此，演讲被设为获得学校"荣誉毕业证书"的必修课程。

这所学校真的让人留恋，三年后、六年后，学生不舍地离开她的怀抱，真要离别时，都会急切盼望着回到这里的那一天。那时，他们会想迫不及待拥抱几月、多年未见的老师，她依然步履匆匆，他依旧平静慈祥，只是又有些老了，白发渐上双鬓……他们也会坐在校园的一棵树下等待约定回到母校的同学，说说高三下期那次因为诊断性考试而未尽的辩论，重拾高中的记忆。再次走进图书馆，他们抚摸每一张桌椅和曾经走过的每一层书架，好奇曾借过的那本亚当·斯密的《国富论》还在吗。他们还会再次走进食堂，闻闻饭菜的香味，看看是否还有琳琅满目的选择，是否还有当年最钟爱的炖菜，是否还有记忆中的味道。他们一定会跑到高三教学楼的那间教室，寻找曾经坐过的那张桌椅，以及高考前在左上角写下的那个无数次默念和期待的数字，而它和他们高考的分数相差无几。最后再跑到校园农场去看一看，学弟学妹们现在都种些什么呢？

其实，这所学校也有泪水，她太爱自己的学生，时不时会因为自己的力所不及甚至无能为力而难过。这所学校的学生也有泪水，因为他们自己的成长未能尽如所愿，因为他们也时有迷茫、低谷和失落……

这样的学校何其难寻！但是，我们所渴望的，是在天府中学有几分这样的模样，而不必太完整！我们所追求的，是让天府中学一步步去靠近她梦中、理想中的样子……

博雅融通：构建立德树人的高品质育人体系
——成都天府中学五年发展规划（2022—2026）

努力创办一所理想的学校，追寻更为理想的教育——这是天府中学建校的初心。当下，"内卷化"的教育依然在现实中奔流，远大的教育格局和精湛的教育艺术常成稀有之物，难以在真正意义上培养出大批有德行的人、有较强学习能力的人、有想象力和创造力的人。现今的名校发展，长于"书面表达"和"顶层设计"，依赖品牌推广和高分生源的集中，难以窥见有代表性的教育学理论和先进文化思想的产生，也缺乏温暖人心的教育故事。如今，能够做出有说服力的示范性学校较少，优良的教育生态难以真正形成。

教育必须摆脱对分数、名次、升学率的狭隘追求，要始终致力于人的发展。"人的发展"，广义是指人类的发展或进化，狭义是指个体的成长变化过程。前者要求教育者要立足世界，着眼全人类的可持续发展；后者从个体的角度，既指向人的终身教育，又着力于个体从出生到成人的健康和幸福。理想的教育就是从身心滋养、精神成长和社会性发展三方面实现"全人教育"。

从教育的社会属性来讲，我们是要培养新时代德智体美劳全面发展的社会主义事业的建设者和接班人；从教育的自然属性——生命属性和精神属性来讲，是要培养完整而幸福的人，是走向求真、至善、臻美的完全的人，这就是教育的初心，也是教育的本质所在。我们对教育初心和本质的叩问，是对当下并不理想的教育生态和教育现实的警醒和反思，也是想唤起学校、社会在教育精神上的整体觉醒，以及所有人的教育良知。

当我们回望过去那些著名学校，南开、春晖、育才、夏山、帕夫雷什……它们没有傲气，并不深奥复杂，但其思想、言语、行为，以及流淌在学校的一切都洋溢着对自然和世界的热爱，对生命的敬畏和关怀，对万物意义的深刻探索。一切都是那么触动人心，令人肃然起敬。过去的著名学校之所以值得我们追想和神往，就在于它们常常是超越功利的，在精神上远离了卑琐与平庸。回望过去的学校，向一个个消失的传统致敬，绝不仅仅是怀旧，更多的是寻找、重拾和回归。教育要找回自己失落的灵魂，接续精神的根脉，找到一个新的起点，一个通向未来、走向幸福和光荣的起点。

走出当下的教育困境，亟待学校整体创建能够引动发展力、激扬创生力的先进文化，亟待创建能够滋养精神生长、涌动创造智慧、闪耀人格光亮的校园生活。今天，天府中学力主博雅融通的教育，重拾优秀的中国教育传统，融合世界教育的杰出经验，着力创建品质超然的文化生态和育人机制，为学生提供别具一格、具有挑战性和未来性的教育体验。

第一部分　发展基础与优势

天府中学建校于2020年9月，是四川天府新区创办的新体制、高水平、现代化的一流学校。学校位于科学城北路东段1939号，占地182亩，静立于世界级公园城市天府新区核心地带——成都科学城，北临占地4500亩的鹿溪河，南邻占地5100亩的兴隆湖两大生态区，坐拥万亩湖山，资源得天独厚，交通便捷畅达，公共交通地铁18号线兴隆站出口距学校南门仅二十米之遥。

天府中学是十二年一贯制学校，涵盖小学、初中、普通高中及融合创新高中三个学段和四个学部，各学段最大班额均不超过40人，实施小班化教学、公寓式寄宿制管理。融合创新高中具有AP、A-Level、IB课程资质，目前开设A-Level课程。现有学生850余人，教职工150余人。预计2026年办学总规模接近3000人。其发展基础和优势主要体现在以下三方面。

一、国家级新区、省级教育综合改革试验区"双区"赋力

四川天府新区——第十一个国家级新区，肩负着建设新时代全面改革创新试验区、自由贸易试验区、全面践行新发展理念的公园城市等重要使命。2020年，天府新区成为四川省第一个省级教育综合改革试验区，旨在通过深化教育综合改革，把新区打造成现代教育治理示范高地和教育生态样板区，为新区高质量发展提供人才支撑。这样的区域发展和教育发展契机也为天府中学的改革创新与发展注入了力量。

同时，天府新区教育资源禀赋一流，为天府中学的创新发展创造了得天独厚的条件。教育不仅发生于校园之内，万亩湖山之间、创新企业总部之中都是学子课堂的延伸之处，都是探寻成长的自由天地。学校镶嵌于成都科学城核心区域，比邻中国科学院成都分院，汇聚了商汤科技未来创新中心、ARM芯片架构研发中心、成都超算中心等众多高新技术企业的独角兽岛，清华大学、北京大学、北京航空航天大学等著名高校的研究院，以及麓湖艺术馆、森的美术

馆、世纪田园劳动教育基地、微博村等优质资源库。学校可以打破学习的固化边界，独运匠心，将外部优势转化为别具一格的校本化课程和教育学习场景，多方拓展学生的知识维度，全面开阔发展视野。

二、先进教育理念和优秀师资队伍奠定坚实的发展基础

一个校长对于一所学校的成长起点、发展水平和教育品质至关重要。天府中学校长陈东永，是西南大学兼职教授、正高级教师、四川省特级教师、四川省首批中小学名校长和高中卓越校长、成都市首批未来教育家、中国教育学会高中教育专业委员会常务理事、四川省政协教育委员会副主任、四川省中学校长协会第八届第九届会长、四川省陶行知研究会副会长、成都市教育学会副会长。陈东永校长执掌百年名校树德中学多年，他对教育的热爱与虔诚、高远的教育格局、先进的教育理念、系统而深邃的办学思维以及对时代的精微敏感，是天府中学发展的原始之力。他为天府中学设计的、基于对学生终极关怀的"自今日·至未来"教育理念，以及把天府中学办成"生态化、现代化、高品质"卓越学校的追求，也是这所学校发展的文化和思想之根。

天府中学以教育梦想为旗帜，集结了一大批志同道合的优秀教师，他们是这所学校发展最坚实的基础。教师主要来源于国内名校以及省内办学成绩突出的学校，90%以上的教师具有在国内知名中学担任行政管理、教研组长、备课组长和班主任的工作经历，在国家、省市区级课堂教学大赛中获得过一等奖等荣誉。他们不仅具有良好的教育背景、丰富的教学经验、较强的学术研究能力和终身学习意识，还是融通知识、善于合作的有趣个体。他们有理想信念和职业操守，以促进学生健康成长从而受到学生爱戴为真正的幸福。

理想教育的优美画卷已在年轻的校园里徐徐展开，天府中学已成为中国教育学会高中教育专业委员会常务理事学校、四川省陶行知研究会副会长学校，成都市教育学会副会长学校，国际文凭组织授权 AP 认证、A-Level 认证学校、IB 认证……这些，又为天府中学飞翔的双翼增添了新的力量。

三、一流的办学条件和学习环境构成高品质育人场域

天府中学致力于创建一个以人为本的社区式校园框架，通过生态环境设计构建新的成长空间、支持新的学习方式。校园采用"三轴两环"的园区设计，通过景致、建筑、文化的交融，呼应两湖生态景观，适应高品质教育需求，在满足师生惬意生活、学习需求的同时，传递学校文化理念，形成开放互动、融合自然与人文的校园场景。

高品质的教育教学设施以及灵动的校园设计，充分发挥着场景化育的人文作用，促进了审美意趣的沉淀内化。以物联网技术为支持的智慧化校园，为全校师生的生活、学习提供便捷服务与安全保障。超过 5000 平方米的图书馆，也是混合型多功能学习区，规划藏书达 8 万册，顶楼还增设戏剧表演剧场。艺术楼配置国画、西画教室，2 个音乐教室，6 个独立琴房，3 个数字艺术工作室，2 个舞蹈练习室，顶层整体为学生生涯规划中心。科技楼除了十余个常规实验室，还将建设未来学习中心，打造完成后可开展 VR、AR、MR、体感科技体验，天文观察，项目式学习等活动。蓝色的音乐厅是艺术与美的展现和陶冶之地。学术厅则不断向师生呈现着人文社会科学的思想盛宴。400 米国际田径比赛标准跑道，室内篮球馆、羽毛球场、乒乓球室、游泳馆……隐于教学区的露天剧场，可供演出展示，方便自在。院落型学生公寓，依据学生成长规律设计，其丰富多元的公共空间是社区式校园的典型表达，新风系统、冷暖空调、直饮机等设备一应俱全。环绕在图书馆周围的六栋教学楼，均是舒缓的低层低密度建筑。借助教学楼退台式设计，面向平台的是全落地玻璃移门，这一方面使得采光量得到极大提升；另一方面，室内室外有机融合，也让孩子们可以享受置身花园中学习的美好体验。

第二部分　面临的机遇和挑战

天府新区于 2020 年 3 月获批四川省第一个省级教育综合改革试验区，肩负着四川省教育改革创新的示范引领重任，努力把天府新区建设成为现代教育治理的示范高地和教育生态样板区。这既是天府中学平静办学、创新发展和生态性成长的良好机遇，也是天府中学面临的一项光荣的、具有挑战性的任务和使命。

同时，我们也面临新开办学校的普遍性挑战。学校开办时间短，也还没有获得一定的社会熟知度，社会对新建学校，尤其是不依靠任何品牌发展的学校，了解程度不足；学校距离人口密度大的主城区较远，生源供给数量不足；崭新的教师群体，来自国内不同的学校，有着截然不同的教育经历。如何从教育理念、价值认同、个人追求、团队精神和大局意识等方面去整合队伍、凝聚人心，形成天府中学别具一格的优秀文化，是学校面临的首要挑战。天府中学一创办就成为教育集团的引领学校，要带领教育集团 30 所成员学校共同发展，这本身亦是一项格外艰巨的任务。

当下，"双减"背景下的教育改革创新探索迫在眉睫。既要减轻学生过重的课业负担，把学生从校外培训机构拉回学校这个"主战场"，又要"五育并举"，不断提高学校教育的格局和质量，实现学生的全面发展，这对教师的职业精神、专业水平、教育能力、育人情怀都是一个巨大的考验。学校、教师只有往教育的深处走，首先在自己身上下功夫，遵循教育的科学与规律，恢复教育的人文性，才能挑起这个光荣的重担。

第三部分 发展主题、目标、任务与原则

一、发展主题

博雅融通：构建立德树人的高品质育人体系。

二、发展目标

（一）发展内涵

重拾优秀的中国教育传统，融合世界杰出学校的办学经验，创建品质超然的文化生态和育人机制，为学生提供别具一格、具有挑战性和未来性的学习体验。

（二）具体目标

(1) 在保持教育理念和思想文化先进性，彰显教育科学性、人文性和生态性，以及打造高品质教育三个维度，成为国内最具代表性和影响力的学校之一。

(2) 融合创新高中在中国西南地区达到领先水平。学生100%被全球排名前60位的著名院校录取（第一年70%，第二年80%，第三年及以后100%）；力争从第二届毕业生起，每年都有学生被世界排名前五的著名高校录取，若干学生被世界排名前十的院校录取。

(3) 初高中毕业学生在课业负担合理、幸福指数高、全面发展优的前提下，整体学业质量水平位居成都市前列。

(4) 教师队伍的文化修养、师德风范、精神气质、专业素养、教育理念与实践能力等充分显示出一流学校水准。

三、发展任务

(1) 创建一流学校的思想文化体系。

(2) 设计高品质教师专业发展系统。
(3) 凝练"博雅教育"课程教学体系。
(4) 建设"一个主题、四大系统"的德育工作体系。
(5) 形成推动教育集团成员校内涵发展的先进机制。
(6) 探索当代卓越学校的特色治理范式。

四、发展原则

(1) 加强党的领导与创新治理范式的结合。
(2) 突出优秀文化和学术思想的高位引领。
(3) 坚持科学性、人文性与生态性的有机统一。
(4) 既要注重系统性，又要追求深刻性、情感力和审美感。

第四部分　主要任务与重点工作

一、涵育卓越学校的文化思想：突出对生命的终极关怀

以生命关怀为主题，激发师生的灵性、活力、潜力与创造力；以民主、平等、尊重为基调，塑造风清气正、温暖深情的人际氛围，培育自由、自觉、向上的校园文化生态；以学术精进和卓越发展为核心，追求生命的幸福成长，努力为美好的未来奠基。

（一）教育理念

(1) 自今日·至未来。
(2) 内涵：基于对生命的终极关怀，不仅关注当下，还要指向未来。学校既要关注学生当下的学业进步，又要关注其当下的生命感受和全面、自由的发展，以高品质的今日，塑造卓尔不群的明天。

（二）教育思想

践行以"知识·责任·创造"为核心价值的"博雅教育"。

（三）办学目标

(1) 学校特质：突出对人的关怀，追求服务家国天下的理想。
(2) 发展目标：学校之典范·教育学之创造者。

（四）学生培养目标

（1）培养目标：今日博学广才、独立思考、优雅成人，明日以杰出的公民素养、远见卓识和责任良知去服务国家、社会，创造美好未来。

（2）学生特质：博学、善思、自信、乐观、负责任、会创造。

二、造就德才一流的师资队伍：基于专业精进的全面发展

高水平师资队伍建设要把思想、心灵、德性的滋育置于最重要的位置，因为教育关乎生命成长和人的发展；促进教师专业发展需要着力发展优秀的文化、创建先进的机制，吸引教师主动、自觉参与，注重学习者主体地位的回归；在内涵上，要避免"大而化之"的学习培训，走向基于核心问题和岗位情境的学习与反思性研究；要注重系统性、阶段性和层次性，针对不同发展阶段的教师和教师的不同发展阶段，针对性设计发展目标和培养方案，造就德才兼备的师资队伍。

（一）教师发展目标

教师发展目标：怀理想信念与仁爱之心，以先进思想、深厚学养和优雅风范为党育人、为国育才，引领社会风尚，塑造时代文明。

我们的教师特质：富人格之魅力，拥知识和精神之风度，常触动人心、擅启迪心智。

（二）设计"二三三四"教师发展体系

创建"二三三四"教师发展体系，引领教师高水平成长。"二"指的是教师发展的"两翼"，即职业情操与专业素养；第一个"三"指的是"个体、团队、全体"三个层面；第二个"三"指的是"阅读、研究、实践"三个维度；"四"指的是四个教师发展专项计划，即名优教师、中坚教师、青年教师、班主任四个类别教师的专业发展计划。

（三）涵育教师发展的一流文化

（1）滋育美好心灵和独具一格的教育情操。

真正一流的教师，并不只是在专业和教学上如何卓越，还在于其心灵深处的"真善美"：对他人和世界的爱、同情和悲悯，对教育真理的追求和执着，对个人职业情操和教育境界的高要求，以及具体到每一个学生的理解、包容与

公正。

(2) 阅读经典，培育一流的教育远见、智慧和担当。

教师要深知阅读的意义：人生的捷径就是用生命去阅读一流的书。那些不朽的典籍能够在知识境界、文化精神和风度格局上快速提升教师，让教师在德性、心灵、头脑、远见等方面成为一个更好的人，一个更杰出的人，由此成为学生真正的良师益友，并有力地肩负起为党育人、为国育才的崇高使命。

(3) 融反思和研究于生活实践，追求高质量教师发展。

引领教师在不同阶段、不同场景下展开不同形式的教育教学研究，在自我省思、深度对话、写作实践、总结提炼、课题研究等教育教学研究之路上前行，融反思和研究于生活实践，追求高质量的教师专业发展。

（四）开设教师发展融合课程

教师发展融合课程主要由六个模块组成。系统之论：学术年会与博雅沙龙。经典之学：阅读推荐与分享会。理性之思：写作与交流讨论会。实践之行：教师公开课展示与深度研讨。科研之路："五育融合"的深层次探索。互学之鉴：杰出学校学习考察。

（五）重点工作及目标

(1) 连续编制天府中学教师教育经典阅读书单。

(2) 高质量完成省级重点课题"博雅教育视野下融合创新课程的研究"的研究。

(3) 形成天府中学教师发展的独特思想、文化生态、特色机制与实践体系。

(4) 培养一批在四川省、成都市，在教育理念、师德水平、专业能力上，具有突出代表性的优秀教师。

三、实施融合创新的课程教学：培养博雅融通的时代新人

学校要为学生创造自由、充满温情追求卓越的校园氛围，要把学生最大的动力激发出来、把最好的人际关系和学习氛围建设出来、把最好的教育艺术和教育教学方法显示出来，促成学生的最优发展，努力确保每一个学生的天性、禀赋和尊严都在天府中学得到足够的呵护和尊重，让学生在高境界、高水平、高能力教师的引领下，在天府中学"博雅教育"理念和育人体系中，以立德为基石，自由、广阔而积极地学习、成长和发展，努力成为博雅融通的时代

新人。

（一）构造八模块校园生活

以预备学习、主体课程、运动 30 分、静校午休、思辨艺术微课、博雅选修、劳动教育、闲暇时光八个模块为基础进行串联，构建天府中学独特的校园文化生活。

（二）博雅教育"两融一创"课程图谱

两融一创：融合五育，融汇中外，整体创新。
（1）三大核心价值：知识·责任·创造。
（2）九大核心素养。
知识：知识视野·科学精神·全球眼光。
责任：健康身心·公民素养·责任品格。
创造：审美意趣·实践创新·开放协作。
（3）四大课程群。
基础学力课程：国家课程＋博雅讲堂（科学·文化·世界等）。
杰出公民课程：运动健康·公共素养·社会关怀。
人文艺术课程：博雅阅读·文学写作·艺术鉴创。
实践创新课程：技术实践·融合学习·创意设计。

（三）融合创新的课堂教学

课堂教学的融合创新主要致力于走出孤立性学习，解决学养、素质割裂的问题，解决信息融通问题，要使不同的力量在碰撞中产生新的力量，从而培养学生的跨学科思考能力和高阶思维品质。

（1）统筹整合育人目标。使育人目标从单一走向多维和融合，实现知识、能力、情感、审美、道德等核心素养的融合，着力培养学生的关键能力、必备品格和优良的价值观。

（2）教学内容融合创新。通过大概念教学、主题式教学、项目式学习等实现学习内容的融会贯通，培养学生的思维品质及其迁移运用的能力。

（3）融合学习方式：基于核心问题的对话式教学。一是激发学生发问的勇气，培养"问"的习惯和精神；二是呈现或提出有思辨价值的核心问题；三是注重在对话的情境和场景中学习，包括与自我、同伴、教师的对话，与已有的知识经验、生活实践、自然和社会，乃至与未来的对话，在启发、互动、体验、探究中成长。

（4）教育技术的融合。通过虚拟场景和现实场景的融合、传统方式和新技术的融合，为学生创造具有情境性、想象力的学习环境，使学生乐学、学好。

（5）评价融合。注重评价和教学融合，避免二者分离，真正落实以评促教，使之贯穿教学全过程，让学习在真正意义上发生，让学生在学习进程中不断进步。

四、植根生活实践的学校德育："一个主题、四大系统"

道德教育的过程是生活的，道德学习是一种生活实践的学习。道德教育更应该期待人学会建构的是有目的和理想、有超越和反思、和谐共生的生活。道德教育是促使人在整体生命中去建构他自己的生活的教育。道德内在于生活，而不是生活的一块镶嵌物。道德课的学习是一种价值和意义的学习，跟事实和知识的学习不同。

深化一个主题：立德树人。

建构四大系统：动力系统、生活系统、创造系统、保障系统。

（一）动力系统：磨砺思想、滋育志趣、追求卓越

引领学生不断砥砺自己的思想，逐渐加深对生命成长的理解，既要立足自我，也要突破有界自我的局限，将个人追求和国家命运、世界未来联系在一起，树立更远大的理想和志趣，形成更强劲持久的发展动力，奔赴更崇高的人生追求。

1. "1＋1"核心路径：融合性学科育人＋思政课教育

立德树人是教育的根本任务，学科育人已成为普遍共识。融合性学科育人是以学科教学为载体，连接学生个体生命、改造学生个体生命的过程。其不单指向学科内容和知识本身，还包括获得学科知识、能力过程中掌握的方法、策略、思维形成的人际关系，以及由此产生的情感、态度以及价值观等。道德课作为学科育人的关键课程，教师要充分发挥其思想引领和政治意识培养的作用，引领学生健康成长。

2. 三大主题教育

（1）爱国主义教育。

注重培育学生高度的国家认同感和文化自觉，引导他们树立正确的国家观、民族观、历史观和文化观，增强中国人的骨气和底气，发自内心地热爱

党、热爱祖国、热爱人民。在高质量实施学科育人的基础上,以升旗仪式、"五四"青年节、建党日、建军日、国庆节、"一二·九"纪念活动等为载体,创新形式,深刻内容,让爱国主义教育成为天府中学最亮丽的图景之一。

(2) 理想信念教育。

理想信念是做人的初心,是对真理的追求和信仰。中学阶段是进行理想信念教育的最佳时期,加强理想信念教育是为党育人、为国育才,培养新时代社会主义事业建设者和接班人的起笔,要贯穿教育教学全过程,立足"五大典礼"("开学典礼""散学典礼""颁奖典礼""成人典礼""毕业典礼"),把理想信念教育做新、做深、做实。

(3) 生涯规划教育。

生涯规划教育要以新高考的"选科"为着力点,帮助学生了解自身兴趣和潜质,提升自我概念,探索和开发自我潜能;引导他们认识、了解未来社会的发展趋势和职业需求,形成初步的个人发展倾向和生涯适应能力。按照"一个思想(生涯规划教育指导思想)、两个阶段(初中、高中)、六大模块、若干标识性支持课程与活动"的架构建设天府中学的生涯规划教育体系。

(二) 生活系统:植根生活、悟道习德、成人成才

生活是道德存在的根据,也是道德存在的基本形态。道德的学习应当是生活的、实践的,道德教育要培养的是不断超越自我、创造新世界的人。

1. 日常生活教育

人的本质是在日常生活中形成的,日常生活是德育的基础和出发点,行为规范教育、文明礼仪教育、人际交往教育、公共素养教育等皆发生在日常生活中。推进日常生活教育首先要注重教师的示范表率作用,以及全过程、高水平的教化引领(尤其是思想引领和价值引领),促进学生形成现代文明的生活方式、积极乐观的生活态度、高雅的生活情趣和明媚的个人品格。

2. 情感与心灵教育

情感与心灵是道德教育的根基。要从单向说理教育向双向情感交流转变,在润物无声的情感教育中培养学生的美丽心灵和优秀品质。在交往、活动与实践中,帮助学生觉察、识别、表达感受,增强对情感的认知能力,在和谐友爱的氛围里发展自我的情感;在共情、熏染、联结中,从小我走向大我,体会亲情、友情、师生情、民族情、家国情对生命的滋养,既在情感上丰盈自己,又不断增进与外部世界的联结。

3. 劳动实践教育

深刻理解劳动教育的内涵及其蕴含的育人价值，立足家庭、学校、社区三种劳动场景，指向劳动技能、劳动观念、劳动精神三个培养目标，以及日常生活劳动、生产劳动和服务性劳动三个层面的劳动内容，形成具有综合性、实践性、针对性，独具天府中学特色的劳动教育课程体系。

（三）创造系统：心系社会、关怀天下、勇于创造

1. 服务人群

成立多个学生志愿服务组织，搭建志愿服务平台，吸引学生积极参与志愿服务，培育"奉献、友爱、互助、进步"的志愿服务精神。探索具有知识传播、技能传授、文化传承功能的社区服务新模式，构建服务社区的专项课程，在丰富学生生活体验的同时，培养其公民素质、社会责任感及其对文化传统的热爱。

2. 社会实践

社会实践是开放的学校和课堂，是教育面向未来的重要特征，通过社会实践让学生了解国情、社情、民情，为他们将来融入社会、服务社会、奉献社会及成为未来社会的优秀公民打下坚实基础。天府中学要围绕生态环保、公共安全、乡村振兴、城市治理、文化文明、经济发展、关怀特殊群体等领域，通过社会观察、宣讲讨论、生产实习、职业体验、公益服务、勤工俭学等实践形式，搭建本校的社会实践体系。

3. 创新创造

知识的学习、头脑的发展、德性的修炼、理想信念的树立，其重要的价值指向之一就是"创新、创造"。一是要直面并解决现实生活中的问题、困难和挑战；二是要努力为国家、为社会、为世界创造点什么，引领这个世界变得更加友爱、和平、幸福和精彩。这就要求把"全素养培育"的理念和行动贯穿我们的整个教育过程。

（四）保障系统："三育五节"

1. 心理健康教育

建立以心理健康教育教师团队为引领，班主任、学科教师、公寓管理教师协同共育的师资队伍；加强学术培训和心理健康教育研究，形成高水平学校心

理健康教育工作体系；将心理健康教育工作渗透在教育教学全过程，让学生经过一定时间的学习、生活和成长后，具备相当的心理保健常识，形成和谐健康的心理状态，为塑造健全完善的人格打下良好基础。同时，在此基础上不断激发学生的内在潜能，提高心理弹性，增强对未来社会的适应能力。

2. 家校协同教育

生活向学校教育提出的任务是如此复杂和具有挑战性，如果没有家庭教育的高质量协同，不管教师做出多大的努力，都难以达到理想的教育效果。要努力达成家校协同才能高质量育人的教育共识，共同构建现代的、科学的、面向未来和世界的育人环境，创建家校协同育人的制度机制，通过成立学校家庭教育委员会、建立家校联系联络制度、定期举办家长学校（家庭教育讲堂）和协同研究学生成长等措施，落实和深化家校协同教育。

3. 法治与社会教育

中学时期是人生社会化的关键阶段，加强法治与社会教育，促进学生掌握法纪知识，培养法律意识和法治观念，是培养遵纪守法的公民、助推学生成人成才的重要内容。要经常性开展校园法治宣传活动，突出思想政治课程的法治教育首要功能，引入多种法治教育资源，开展多样化的法治实践活动，让法治与社会教育在校园落地生根。

4. 五大校园主题节

精心组织、高品质开展五大校园主题节，在丰富校园文化生活的同时，为学生搭建平台，促进学生健康成长、全面发展。社团展示节要着力促进学生个性化、差异化发展；体育运动节一年两届，要突出更多特色，要求更多学生更深程度地参与；戏剧艺术节要在锤炼学生语言能力和舞台表现力的同时，着力发展学生的艺术修养和审美情趣，陶冶学生的自由心灵；未来科学节要充分利用学校所处地理位置——成都科学城——的各种优势，举办充满吸引力的科学体验、实践、探索活动，培育、激发青少年对科学的好奇心和持久兴趣，为发现和培养未来科学家创条件、打基础；世界文化节既要带领学生深入研究、传承中华文化，增强民族自信，又要引导他们体验和悦纳世界多元文化，开拓全球视野，为构建"人类命运共同体"贡献力量。

五、充分发挥示范辐射作用：引领教育集团再上台阶

天府中学教育集团是天府新区首批成立的教育集团，下设学前、小学、中学三个学部，共有成员校（园）30所，在"党建引领、公民融合、纵向贯通、横向联盟、一校两制"的总体思路引领下前行。未来五年的集团发展，我们如此规划。

（一）确立发展目标

创建教育思想领先、文化生态优良、培养体系优秀、发展机制先进、育人质量一流的学习共同体、发展共同体和价值观共同体。

（二）设计运行机制

设立"两会一办"（理事会、监事会、推进办），深化横向联盟；设三个学部（学前、小学、中学），落实纵向贯通；制定集团章程和议事决策制度，保障集团健康发展。

（三）创建改革创新、深化育人的实践系统

1. "一三五"发展思路

"一"是指突出一个核心，也即党建引领。党建引领的核心要义是：做到三个坚持，即坚持党的领导，坚持社会主义办学方向，坚持以立德树人为根本；一个牢记，即牢记为党育人、为国育才的教育使命；打好一个基础，也即夯实风清气正、廉洁勤勉的校园文化基础。

"三"即强化"三个建设"：建设先进的教育理念和优良的文化生态，有理想信念、道德情操、扎实学识和仁爱之心的教师队伍，建设高品质的教育培养体系。

"五"即聚焦五个发展领域，包括学校文化、教育思想、课程教学、队伍建设、制度管理。

2. 完善健全发展制度

集团要建立联席会制度，每季度召开一次理事会、监事会，商议、决策集团发展重大事项，设立教师代招、代培、交流制度，干部教师跟岗学习制度，教师结对帮扶制度，集团年度教师评选制度，学校发展特色项目年度评选制度等。

3. 深化教师人事改革

一是成立集团"名优教师团"，定期走校访校，举办学术报告、诊断课堂教学、指导教研活动和教师专业发展等；二是优秀干部、教师跨校任职、任教，促进优质教育资源流动；三是推进干部及教师支教、轮岗，激发新的工作活力。

4. 教师专业发展体系建设

一是平台与资源建设，如举办集团学术年会、教师培训会、主题学术沙龙、课堂教学大赛、名校考察访问等；二是机制与制度建设，如个人发展规划制度、教师成长导师制、跟岗学习制度、年度教师评选制度、教育理念与实践展示制度等。

5. 探索博雅教育育人机制

让博雅教育理念深植于集团各学校的教师心中，在此基础上建设各学校独具特色的课程体系；探索创新以立德树人为指向的学校德育工作，尤其是思想创新和实践创新；探索全纳教育，在集团内发展1~2所全纳学校；探索中小幼贯通育人的理念、课程与机制等。

六、创造最优的发展保障：现代学校的创新治理

（一）党建与党风廉政建设

在习近平新时代中国特色社会主义思想的引领下，抓深、抓实、抓细学校党组织建设和党风廉政建设，以高质量党建引领高品质办学。按学校发展进度，逐步成立党总支、党委，在强化组织引领和组织保障的同时，不断深化党组织的自身建设，永葆先进性和纯洁性。以"三会一课"为重点，精选学习内容，创新学习方式，持之以恒抓好党员的学习教育和岗位示范，形成制度化、系列化、特色化的党建工作体系。党风廉政建设要首先突出党员干部在党风廉政方面的先锋模范作用，彰显示范性和先进性，为营造风清气正的教育环境打下坚实基础。要不断提高党员学习教育的质量和实效，增强党风廉政意识。要注重廉洁制度的设计和实践，使各项工作的推进和开展在依法依规的基础上，做到制度化、公开化、透明化，从源头上遏制腐败发生的可能。

（二）现代杰出学校制度建设

杰出学校的制度建设要着力为教师提供舒心的工作生活环境，减轻过于烦冗的工作和僵化的形式带给教师的负担，努力彰显学校建设的学术性和专业性，尊重并发挥每一个人的积极性和创造力。要高度体现教育的科学性、人文性、激励性和发展性，显示出"开明、简约、温情、公正、学术、卓越"的现代杰出学校文化特征，为学生成长、教师发展提供更好的支持和保障。

学校采用博雅研究院、湖溪教师书院、课程教学中心、学生发展中心、校务管理中心、国际教育中心直接在党组织和校务会的领导下工作的管理架构，"两院四中心"的设立，旨在让管理层级减少，让管理重心下移，吸引更多教师参与到学校发展与建设中来，最大可能调动教师成长发展的自觉性。

"两院四中心"管理模型以矩阵形式将学校所有校务包容其中，通过民主、动态平衡、开放的管理，保障学校循环系统的高效、科学及其优化生长。学校要在"虚实平衡"之间及破解"行政化"的追寻之中，彰显管理架构的高质量实践。未来三年，主要在深化"两院一中心"建设上下功夫，因为它们是"虚实"的结合体，是行政与非行政的结合体，在"虚"和"非"上下功夫，将是突破现代学校治理范式的重要探索。

湖溪教师书院和博雅研究院的建设和发展要在"自发、自主、自觉"上下功夫，读书、研究、对话、讨论、分享、改变自我、影响他人……应当成为"两院"的独特风格和深刻内涵，应当是学校"思想和智慧"的迸发地。国际教育中心要超越"国际"二字，它应该辽阔和远大，要为学生、教师甚至家长带来教育中最清新的风，让每个人的心灵平静下来，让每个人的视野既能直抵生命又能望向未来。

（三）高质量建设五大中心

整合艺术楼各功能教室，打造以音乐、美术、舞蹈、数字艺术等为主体，集学习、练习、创作、设计、排演、鉴赏等为一体的音乐艺术中心；依托室内外运动场馆，建设涵盖体育课程、体育活动、体育健身、体育娱乐、体育赛事等的体育运动中心；以图书馆为载体，在空间创意、环境沉浸、内容选择等方面展开想象，设计、建设对师生充满吸引力的博雅阅读中心；加快学术厅、湖溪教师书院的文化环境建设，既要有文史哲、教育、科学等领域巨匠的"身影"和思想展示，也要让每一个进入的人都有想演说、想表达、想对话、想讨论的"冲动"，让这里不仅成为学术文化走廊，还成为教育沙龙、学术讲座、高级别课程、论坛的集聚地，成为名副其实的学术交流中心；立足科技楼，联合生物、化学、物理、信息学、通用技术等学科组，建设涵盖信息技术、STEAM学习、人工智能、创客中心等，以培养学生创新思维和实践能力为目标的跨学科学习中心。

七、规划实施安排

（略）

天府中学三周年（上）：2020校长笔记

真是时光飞逝！不知不觉，在这条执着选择的教育路上，天府中学已走过一千多个日子。多少故事、多少情感、多少执着，既深藏心底，又涌上心头。

一、抹不去的记忆：校长的"别离"

2019年8月23日上午9：00，树德中学（外国语校区）学术报告厅，全校教职工暑假学习培训会开场前，我迎接了职业生涯中的一次教育"别离"。观看同事们制作的"回望视频"，聆听教师代表钟群读学校写给我的信，我不自觉地热泪盈眶，但我给自己规定，登台告别一定不超过3分钟，用3分钟时间向832名曾经的战友挥手告别，向曾经成长奋斗27年、执掌近10年的这所百年名校告别，也向曾经的热烈和辉煌告别，自此投身天府新区这片年轻的土地……

当天上午10点，"今日头条"刊载文章，"深度剖析""陈东永校长执意离开顶级名校校长之位，投身天府新区的原因"。顷刻之间，百千电话奔涌而来，我只好选择关机……那时的情感很复杂，但对于一直关心、两年来始终牵挂我走向的领导、亲人、同事、朋友、家长、学生、媒体、社会人士，以及组织上的理解、包容、信任和支持，我的感激之情难以言表。

其实，我离开树德中学的原因并不复杂。其一，早先教育行政管理部门就有规定，校长在同一学校任职时限原则上为6年，最多不超过9年，而我，任职已超9年。其二，事业需要传承。一个校长再能干，也终有谢幕的一天。既然如此，何不及时让优秀的人接上来。其三，我数次到天府新区，被新区领导的情怀和决心感动，也深知，新区教育事业的发展确实需要人。其四，我内心还有一个想法，就是一定要在不借助任何品牌、不抢夺集中高分生源的情况下，办一所理想的学校。我一直非常敬佩的陆枋校长之前已被引进到天府新区工作，这也是我加入新区的原因之一。

二、感激：在天府一小的筹备时光

2019年8月底，在谢东云校长的精心安排之下，我和陆枋校长领着几人"入住"天府一小，开启天府中学和附属小学的筹办工作。从办公室、会议室的配备到一日三餐，大半年的时间，谢校长和她的团队一直给予我们无微不至的照顾。这份情我永记于心！那些午饭后在兴隆湖畔独自漫步、远望和思索的时光，都是教育之路上的美好回忆，至今仍不时在我的脑海里回荡。我和许多天府中学老师的第一次见面也是在天府一小那间小而温暖的办公室里。

9月，在办公室的第一次内部研讨会上，诞生了天府中学的校训"自今日·至未来"（这也在一定程度上说明了我和陆校长在教育见解上的共识和默契）。10月，新区分管教育的副书记、局长亲自带队赴江浙考察，构思天府中学的校园建造。同月，天府中学的整体办学方案出炉。11月26日，天府中学通过官方微信公众号第一篇文章和公众首次见面——世界级公园城市的教育期待：成都天府中学、成都天府中学附属小学（后来，学生发展中心主任谈云云老师在一次和学生的交流会上说，她就是看了这篇文章后决定投身天府中学的）。然后，新冠疫情奔袭而来，我们的筹备工作在天府一小按下暂停键，开启居家办公……

2020年3月，筹备团队重回校园，马不停蹄启动教师招聘。设计方案、筛选简历、聘请考核专家、约见老师、讲课面试、交流沟通……一直持续到7月。我们从5000多份简历中，终于物色到23位优秀教师和10余位年轻能干的行政人员。5月，官方微信公众号的又一篇文章《理想的学校·理想的教育》，以别样的视角和内容与公众再次见面，这也算是天府中学又一次向社会敞开自己的心扉。后来，据好几位老师说，她们也是在看到这篇文章后，被天府中学吸引。8月29日，成都天府中学打开兴隆湖畔的南校门，迎接她第一批230名学子……

三、骄傲：我们的第一批教师

筹备期间，我和德高望重的张晓梅老师有很多次聊天谈话，那么多深沉、动人的故事，那么多直击教育本质的温暖细节，都显示出我们拥有相似的教育理念和难得的教育共识。所以，才有了第一届教师培训菜单中张老师的学术报告——《教育：不能忘却的修养、科学和常识》。我和陈光琼老师也是在天府一小首次见面。言及教育，我们都热泪盈眶，相见恨晚。来到天府中学这个新环境，陈老师头几天都睡不好，但她在入学典礼上把最深情、最美丽、最感人的一面奉献给了我们。第一次班级家长会后，家长们在校园里遇见我，说起这两位老师时，都赞不绝口！

2020年7月，盛夏某日，朱金华、曾春梅两位老师入职前，我们在艺术楼大厅聊天，情至深处，泪珠都曾划过我们的脸庞，仿佛理想的教育就在眼前。谈云云、曾婕两位老师，将优雅、干练、深情镌刻在她们的教学和班主任工作之中。汤舰老师的课堂则激扬、流畅、充满吸引力。

王晓梅、刘美娜两位老师除了美术音乐教学，还负责思辨艺术微课设计、学生公寓管理、艺术活动组织等学生发展中心的工作。工作中，她们全心全意，精彩常出。张晓梅老师对颜茜、任颖老师课堂教学的评价是，"年轻但相当老到"。在听过罗琳玉等老师的课后，我对她们说了一句话，"天生的老师"。冯莉、李沁遥等年轻老师，学生和她们好亲近，我既开心又羡慕，真希望她们成为学生最愿意追随的人。

第一个教师节座谈会后，几位老师意犹未尽，继续在办公室漫谈两周来在天府中学的感受，这亦是我们在天府中学创办初期的美好回忆。颜茜老师（南京师范大学附属中学树人学校教务处原副主任、信息技术教师、竞赛教练）当晚在朋友圈中的感慨令我尤为动容："曾经，我常思念'树人'，十一年的岁月记录着我太多的成长和情感。然而，何其有幸，我来到天府中学，遇见了极真挚的教育，投入其中无比幸福。在成都，我认定找到了自己的教育归属……"

四、开学琐记：孩子们带来的喜悦

2020年8月30日上午9：00，天府中学举办第一届学生入学典礼。在这次典礼上的演讲是我校长生涯中无数次典礼演讲中时间最长的一次。但我真的非常欣慰，那些蕴含在演讲中的教化、引领和期待，真的被学生记在心里，努力化为日常生活中的一言一行。

学生很快就表现出良好的礼仪。和老师相遇，他们总是热情问好。周五放学，面对父母对手中行李的"抢夺"，许多孩子执意把书包背在自己肩上，把行李箱拖在自己身后。

9月7日的升旗仪式，我在总结时说道，取餐时请同学们不要挤占老师窗口，因为老师只有一个窗口。我还说，在校园里，不是只向校长问好，也要向所有遇见的老师问好，尤其是我和老师同行时。当天上午课后及午餐时间，学生未经任何提醒，全部做到，接下来的每一天，一以贯之。晚自习后，我到学生公寓看望他们，不少学生在寝室手洗衣服。我说，为什么不到楼下用洗衣机洗？他们说，手洗干净些。

9月14日的升旗仪式上，我给孩子们讲要"想大问题、做小事情"，要把那些崇高的精神，如合作、责任、创造等，化为日常生活的伦理，落实到日常生活实践中，这样我们才能深耕大地、仰望星空。不要小看文明礼貌、与人交往、集体生活这些小事，我们在此中提升的个人修养、学到的与人相处的态度和胸襟，就是价值观的养成之始。

我在课堂上看到了同学们专注、求知若渴的眼神，以及不断举手发问的勇敢。地理课堂上，老师说，历史使人明智，地理让人自广，马上有学生问老师，那是明智好，还是自广好？我也喜欢学生每次遇见我时所提的那些建议，无论是运动场增加小足球门、多功能球场开放更多的通行门、食堂早餐增加更多的选择，以及"食堂不要再提供石榴了，吃得满地都是"，说明天府中学追求的独立思考、敢于发问，以及民主、平等的师生关系都在真实地孕育。有一次，5班的两个学生发生了点小纠纷，一起找我述说。这份信任让我很开心。

9月11日中午，在走向校园餐厅的路上，一群学生和我打招呼，说"校长好，校长太好了"。我说："好在哪里？"他们说："风度翩翩、玉树临风……"我说："不要拍马屁，校长真的对你们好吗？""好，真的非常好！"孩子们，你们是否知道，所有这一切，都是对校长的莫大鼓舞，鼓舞着他和所有的老师付真心、用真情，夙夜在公、风雨兼程都无怨无悔。

教师节，我看见你们给老师画的像、写的诗；在升旗仪式活动和新生文艺晚会上的班级展示及才艺表演之外，我看见自信和勇敢；博雅选修课，你们坚持自己的判断和选择，拒绝父母的"干扰"；未来科学节的校外实践活动，你们登上车辆的那一刻，我看见兴奋、热情和对探索的向往……一切，都是理想的模样！

天府中学三周年（下）：我们的教育之路

《天府中学三周年》的上篇，回望了天府中学走过的第一年，其实也展示了这所学校的教育用心，这很重要。如果离开了一颗真诚、真挚而善良的心，就很难谈得上有好的教育。

一、难以忘怀：曾经遥远的影响

我曾经有一篇手写但未发表的文章——《只有一个篮球的学校》，那所学校是我读了6年的村小，是我上过的最好的学校，我的书法、篮球、绘画以及审美都在那里启蒙。我依然记得，我的全科老师戈代俸（包办语文、算数、音乐、绘画、体育的教学等）因为每天要做中午饭，他就在黑板上随手画一幅粉笔画，一棵松或者是一匹马，叫我们临摹。我们村大大小小的标语都是戈老师写的，像印刷体，同学们甚为崇拜，竞相模仿。中学、大学时期我能够担任学生干部，且干得不错，很大程度上得益于我在小学时期打下的这点艺术、体育底子。小学时期，我有些调皮，有时也会打架惹事，有些时候早饭都是在戈老师的办公室（兼卧室和厨房）里吃的。那个时候，不要说肉，蔬菜都很少，每次他都会给我取点泡菜。要知道，戈老师有时候吃饭都没菜，只有泡菜。他对我的宽厚、包容乃至忍耐，对我教育人格和教育信念的形成和影响都很大。

二、天府中学教育之路的实践起点：在优良的师生关系中孕育最好的育人生态

撇开那些华而不实的表达，天府中学的目标就是办一所生态型、高品质的现代一流学校。我们认为，没有好的生态，就谈不上高品质的教育。文化生态从哪里来呢？天府中学首先从这些做起：建立校长、教师和每一个孩子之间的情感联系，努力创建最好的师生关系。其意义和价值在于增强学生在校园里的安全感、勇气和自信心，以及为他们奠定人生的基础。实践中我们就从见面打招呼，随时和学生聊天、交流、谈话做起。我们想一想，如果一个学生能感觉到连校长都认识他，常常会关心他，对他好，他的心灵就会是自由的、开放

的，包容性也会更强；他的精神气象也会是阳光的、积极的；他对自我也会有信心、有要求、有目标。下面我举一些例子来说明，我们是怎么做的。

小M同学是一个容易发脾气的孩子，无论是对同学还是老师。和他的相识发生在一个晚自习刚开始时。当时，我透过教师办公室的玻璃窗看见他一个人站在那里哭（犯了错，老师叫他在办公室等）。他在看见我的那一刹那就对我大叫起来："校长，你不要管，你管不了！"我回他："好，我不管，但你有什么要对我说的吗？"他沉默了。等到下一次见面，我就主动找他说话。他说他以后的体育中考最多只有30分（满分60分）。我说："你不是预言家，我才是，你至少能考到50分以上。"再下一次他碰到我就主动找我聊天了。"陈校，你在天府中学官微上写的是我吗？同学们都在说。"我说："是的，但我没说你坏话呀。这篇文章发表在国家级刊物上，等你以后人到中年有了孩子，你可以非常骄傲地对他讲，你十多岁就上国家级媒体了。"他很满意地离开了。初一时，这个孩子体育大课间的集体跑步是年级的最后一个，且掉得很远，但初二下期的时候，他就是队伍里面跑得最快的学生之一了，体育中考进步也非常大。刚进初中时，他的成绩在年级中等，初三就常常是年级前百分之二十以内了，情绪控制能力也强了很多，和我的关系也越来越近。他的班主任、科任老师，还有同学们，也一直对他很包容。难以想象，如果这样的孩子一进来就被另眼相看，周围都没有什么人和他亲近，他的发展会是怎样的。

还有一个女孩子小T，成绩一直很好。也是初一刚进来时，我在食堂巡回看学生吃饭，走到她旁边的时候，看见她的餐盘里都没有饭菜了，只有点豆腐汤汁，但还在用力吸那点汤。我说："你去加点菜嘛。"她半抬头看着我，高声说道："不要影响我吃饭！"我说："好好好。"然后默默走开。当她听到其他同学都在喊"陈校好"的时候，才不好意思地抬起头来喊了声"校长好"。不到一周，在教学楼的楼道里遇见她，她就主动过来找我聊天了。一个媒体人还曾在我们校园里拍下我帮这个孩子提行李的照片（当时放寒假，孩子手中行李多且重）。

可能很多人都会认为这样的场面有点尴尬，但我发自内心地说，我一点没觉得。我就是看到了一个孩子，一个小小的孩子，还有他的本真或是成长的起点，那时那刻我甚至是在脑海中畅想我将如何带领他们走向未来，一起成长。我和很多孩子都有过深入的交流，校园里也曾经留下过许多这样的画面。初三下期，我几乎能叫得出年级每一个孩子的名字。上个学期，我去北京出差回来，有孩子看见我就马上跑过来给我说："陈校，你出差了，食堂把香蕉都切成两半了，变色了不好吃。"我会马上给食堂说，如果香蕉太大，学生吃不完，可以买小一点的,不能再切。有学生和我聊天,"妈妈给我说,如果我成绩有进步,就再给我生个弟弟或者妹妹"。我说,"进步不能只看成绩嘛"。还有学生给我说,弟弟来学校睡了她的床,觉得好温馨,都不想走了。所有这一切,既是在责任感和思想上影响学生,更是在和学生建立联系,尤其是情感联系。如果没有这些,教育,尤其是好的教育会发生吗?很难,因为缺乏彼此的连接和信任。

令我最为感动的是有两次我受伤时学生对我的关心。一次是去年寒假即将结束时我的头不小心碰伤,开学时戴了个帽子,许多孩子都来问我怎么了,我就只有在全校的升旗仪式上给大家说明,过程中不少孩子还继续关心我的伤好得怎么样了。第二次是今年8月底脚骨折,每天拄着拐杖在教学楼走动,许多孩子隔天就来问好些了吗,还有孩子给我带来了治疗伤筋动骨的药水,我内心真是感动不已。这真正说明,爱和善良是可以传递的,只要你对学生好,爱的情感就会在他们的心灵中孕育,引领着他们学会既爱自己,也爱他人。我始终相信一句话:只有那些被爱滋养过的心灵,才会拥有一种免于崩溃的力量。

我常给老师说,有的时候也许我们用尽了全力,却依然未能让每一个孩子都发生特别大的变化,但教育的影响总是滞后的,也许多年以后在某一个孩子的人生路上,在他心灰意冷甚至是绝望的时刻,当某种不好的念头在他心中浮现,他可能一下子想起了天府中学老师曾经对他的好、对他的包容、对他的爱和不放弃,甚至是曾经说过的某一句特别触动他的话,他就会打消这个念头,这将会是多么大的功德啊!当然,整个学校文化生态的孕育,还需在教育理念、教育方法、作业负担等方面下功夫,这是我们在专业层面需要落实的,而师生关系是整个文化生态建设非常重要的切入口。美好师生关系的建立,一个非常重要的基础就是教师的魅力,人格的、思想的、智慧的、情感的……这样的修炼需要学校和教师付出极大的努力,需要教育人有一颗赤子之心。

三、如何铸就高品质的教育:重拾教育谈论中常常消失的核心点

(一)不要只想着分数:怎样追求分数才会更有未来

1. 重视社会情感学习

美国一教育媒体长期研究、跟踪观察芝加哥15万名学生后得出结论:与主要关注提高考试成绩的学校相比,强调社会和情感维度的学习、关系建构、归属感和韧性的学校更能提高高中毕业率和大学入学率,更能扩大高收入学生

群体①。

2. 重视"世界观的教育"

蔡元培先生曾把教育分成两个层面：一是"现象世界的教育"，即培养国家建设的各种人才，服务于现实利益；二是"世界观的教育"，即人不仅仅为了追求眼前的物质利益而活着，还应该有一种超越现象世界的追求，也就是培养人的终极关怀，那就是信仰和信念。缺乏终极关怀的信仰和信念，要想成为真正优秀的人就会成为空谈和奢想。

天府中学除了课堂教学的浸润，在日常生活里、各种仪式和活动中，尤其是师生的交往、交流（包括校长的每一次演讲以及与学生的互动）中，都包含社会情感能力的熏陶、世界观的教育。

3. 改变某些习以为常的教育认识

我曾经说过一句这样的话，在此，再度和大家分享：确实存在少数在题海训练中长期艰苦付出并获得高分的学生，但我认为对在这种机制中胜出的孩子的未来，我们要打上一个很大的问号。因为他们的世界曾经被题海长时间淹没，他们对生活、对社会、对世界、对人，包括对自我的那份热情、纯粹、真挚、开放、包容，以及在精神上的果敢和坚毅也同时在题海的浸泡中被损伤了，他们的学习、他们的世界不是那么深刻、宽阔、明亮且充满趣味。这样的成长也许终将被打回原形，甚至是得不偿失，因为他们失去的是作为人的弹性和创造性。

每次我在给各个年级做讲座的时候，都会讲到这些思想、观点、认识，孩子们非常感兴趣，好几次讲座结束，乃至到了饭点都还不想走，每次都要加时再讲、再提问、再交流。这说明孩子们的内心渴望沟通、交流，渴望在思想、心灵和精神上得到更高水准的引领，以抵达自己心灵的理想之境。

（二）铸就高品质教学：重拾教育谈论中常常消失的核心点

努力学习，追求成绩和分数没错，关键在于怎样去追求。如果过度追求分数，没有关注学生的内心世界，甚至是以牺牲学生的身心健康为代价，缺乏教育教学的艺术和智慧，难觅情感和人文关怀的温度，没有让学生受到理想抱负和志趣的动力性滋育，那样的分数和成绩又价值几何呢？现在市面上有些宣传

---

① 转引自马敏：《从"热点问题"到"经典问题"：2021年最重要的10项教育研究成果》，《上海教育》，2022年第6期，第53页。

的高分成绩，坦率地讲，主要依靠的是高分生源，并非有多么出众的思想和令人敬佩的方法。在此，我们围绕教育谈论中几个常常消失的核心点，以问题的方式，说说天府中学是如何去追求教学质量的。

从学校整体的角度，应当建立什么样的教育理念、文化氛围和育人生态，并形成经得起科学和历史检验的教育信念和教育准则，从而去统领学校的教育教学？这在前面的文字叙述中有所提及，不再赘述。

从教师专业发展的角度，应当建立什么样的教师培养体系，这个体系以什么样的内容和方式去培养教师，促进他们不断进步？这些内容和方式是否得到教师的高度认同和赞许？从我亲自参加（或做报告或发言或讨论或一起研究）的每一次学科组长研讨会、班主任工作研讨会、青年教师小组学习会、年级教师会、全体教师月度例会，以及教师暑期集中培训会等教师们的反馈来看，没有花里胡哨的东西，既能切中专业和具体实践，又能走入人心的内容和方式才是教师认同的。当然，这条路永远没有最好，永远没有终点，我们始终在追求更好的路上。

从教学质量建设的角度，以课堂教学为核心的质量链条是如何在生成？集体研究在开展吗？如何开展？质量如何？教师个体的备课是否深入？对知识、学生、教学法和核心问题的设计、学习情境创设的研究是否深透？每一个例证是否经过了深入思索？教师走进教室，是否热情饱满、情深意长？课堂教学是否激发了学生的兴趣，深化了学生的思维？学生是否被每一堂课深深吸引，下课铃响了依然意犹未尽？以课堂学习中的提问为例，教师提问时是否亲切称呼了每一个学生的名字，而不是"你、他起来回答问题"？提问是否关注到了各种学习层次的学生，以及教室里各个区域的学生？提问不能只针对举手的学生，对没有举手的学生也要提问；不能只是教师提问，也要让学生给教师和同学提问；不管是回答对了，还是回答错了，不能只用好或错来评价，要讲清楚说明白，好在哪里，错在哪里；等等。

教师布置的作业、安排的训练测试题是否精挑细选？质量是否严格把关？教师是否全部详细批改、及时评讲并敦促学生及时纠错？学生课后是否找得到教师辅导、答疑、交流？所有这些，都是天府中学特别看重和关注，并不断去着力的质量点。

教学质量的另一个维度是学生。我们特别看重学生学习习惯和学习规划能力的培养，每个学期我们都会给学生一定自主学习的时间，在具体实践和过程中培养学生的这两项能力。在每天的学习过程中，我们坚持花大功夫教会学生怎么通过预习去培养独立学习能力、如何高质量听课、怎样做课堂笔记，课后如何高效复习和反思学习过程，以及如何去解决学习乃至成长中的困惑或困难等。这些学习过程和学习环节看似简单，其实蕴藏着很多细节和学问，做起来也是相当考验耐心和功力的。但我们认为这才是真正的教学作为，远比分个"重点班"要重要得多。

　　天府中学所选择的教育之路是不容易的，充满了挑战，但是，我们一直坚信亨利·米勒在《我一生中的书》中这句话，这句话也是天府中学创校的座右铭："在这个相信一切都有一条捷径可走的欲望年代，应该学习的最了不起的一课是——从长远观点看，最困难的道路也是最容易的道路。"[1]

---

[1] ［美］亨利·米勒：《我一生中的书》，杨恒达译，中国人民大学出版社，2004年，第45页。

博雅教育视野下融合创新课程的实践研究

引言

自 2018 年起,国际学生评估项目(PISA)将全球素养(Global Competence)纳入其评估框架,阐释了其价值取向及考核维度。全球素养是指青少年能够理性分析当地、全球和跨文化的问题,理解和容纳他人的观点和世界观,与不同文化背景的人进行开放、得体和有效的互动,以及为社会福利最大化和全球可持续发展采取行动的能力。当今社会,经济转型、人工智能、人口结构和生存环境的加速转变正在影响我们的日常生活,我们将面临更多跨文化交流的机会和挑战,全球素养在全球化和多元化的社会中变得越来越重要。对于新时代的青少年而言,学习如何融入复杂多样的社会成为一种迫切需要。无独有偶,教育部等八部门于 2020 年 6 月 18 日出台了《关于加快和扩大新时代教育对外开放的意见》。该意见明确指出,"应提高基础教育对外开放水平,加强中小学国际理解教育,帮助学生树立人类命运共同体意识,培养德智体美劳全面发展且具有国际视野的新时代青少年"。其中,国际理解能力、国际视野、人类命运共同体意识等均指向全球素养的内涵。

可见,国家政策走向和全球教育改革趋势都呼吁加强学生全球素养的培养。目前,一些国际化窗口示范学校主要通过校本课程建设突显学校办学的国际视野。但从整体上看,一方面,校本课程建设对培养学生的国际视野与全球领导力的作用明显不足,且现有校本课程存在着质量参差不齐、优秀师资稀缺、教学资源匮乏、实施模式落后等问题。另一方面,学校必须坚持国家课程的主体地位。校本课程作为国家课程的补充、拓展、延伸,如何在坚持国家课程主体地位基础上,充分体现学校特色化办学的定位,均需要通过创新学校课程形态,提高课程水平以适应新时代人才培养的新要求。

成都天府中学汲取博雅教育的理念精髓,以国家课程为根基,发展新时代具有国际视野的课程实践理念,突出学校课程育人的核心价值,具体包括"知识视野·科学精神·思辨能力""公民素养·品格责任·全球眼光""审美意趣·独立思考·创新潜质"等。以融合的理念创新学校课程形态，变革课程实施方式，完善课程评价体系，将传承传统文化、弘扬时代精神与发展全球素养的不同诉求高度融合，形成独属于天府中学的教育理念和课程体系。针对中小学校存在课程设计割裂、各自为政，育人模式陈旧，难以培养学生全球素养的问题，通过博雅教育视野下学校融合课程实验，实现课程创新形态的构建，用融合的理念在育人目标、课程内容、教学途径、教学模式及教学评价等维度实现课程的迭代升级，以实现"培养德智体美劳全面发展、具有中国根基及全球素养的新时代青少年"的育人目标。以此为契机，天府中学将探索具有中国特色的中学高水平办学实践路径，形成具有国际视野的中学课程改革实践样例，为培育具有国际视野与全球竞争力的人才提供实践经验，回应世界级公园城市的教育期待。

一、研究背景

（一）顺应世界教育发展的趋势

面对百年未有之大变局，中小学教育改革与发展该如何应对时代挑战，成为摆在教育工作者面前的紧迫课题。在新时代背景下，教育者需借助博雅教育普适性、全面性的特点，探寻培育完整的人的新路径，赋予博雅教育时代新意。博雅教育是历史最为悠久的教育传统之一，对教育发展具有广泛而深刻的影响。美国大学与学院联合会的宣言将博雅教育定义为一种哲学，它赋予个人广博的知识与可转换的技能，以及强烈的价值观、伦理观念和投入社会的精神。博雅教育肯定知识本身的价值，崇尚知识即美德，以追求生命中的真、善、美为主旋律，以个体身心全面发展为终极理想。这与我国当前教育的核心命题即立德树人的根本任务在内涵上具有密切联系。党的十九大报告就明确要把教育事业放在优先的位置，立德树人是当前教育发展的重要命题。所谓立德树人，就是以立德为先，以树人为基，相辅相成，缺一不可。落实立德树人根本任务，要求在教育中强调"五育并举"，培育核心素养，培养德智体美劳全面发展的社会主义建设者和接班人。博雅教育强调人的和谐发展和全面发展，在很大程度上与立德树人在内涵层面也具有一致性。博雅教育既是一种教育理念和教育精神，也是一种教育方法和教育载体。这种理念、精神、方法、载体完全可以融入我国的基础教育中，相互关联，相互促进，相互融合。通过将博雅教育理念置入立德树人的时代语境中，紧扣当前基础教育关注核心素养培育的国际趋势，用具有国际视野的教育理念顺应世界教育发展趋势，为落实立德树人根本任务探索一种具有中国特色、体现时代精神、具有国际视野的实践路径。

（二）回应创新人才培养的要求

党的二十大报告明确提出实施科教兴国战略，强化现代化建设人才支撑。其中科技与人才是全面建设社会主义现代化国家的基础性、战略性支撑，要全面提高人才自主培养质量，着力造就拔尖创新人才，聚天下英才而用之。创新是一个民族进步的灵魂，是国家兴旺发达的不竭动力，能否培养和造就一批高素质的创新人才，事关民族的创新能力和国家发展。要完成这一极具挑战性的历史任务，就必须进行关于人才的创新意识、创新能力，特别是创新思维的研究和实验。同时，由于人的创新意识、创新能力，尤其是创新思维的形成与发展必须从小抓起，青少年时代的发展状况直接影响大学创新人才培养的成效。尤其是高中阶段作为创新人才基础性培养的关键时期，是创新人才培养体系中的关键环节。因此，成都天府中学秉持创新人才培养的核心内涵是培养学生的创新素养，创新素养的培育需要人才培养过程的创新这一指导思想，基于博雅教育理念的时代解读，确立"全球领导　成己成物"的课程目标，创生"学科特质　主题整合"的课程内容，落实"实践学习　适性组织"的课程实施，注重"过程循证　结果实证"的课程评价，用体现融合创新的课程形态实现培养过程的创新，直指创新人才的早期培养。

（三）创建中国特色中学的探索

针对我国基础教育以升学为导向，教育应试化、学校同质化的困境，《国家中长期教育改革和发展规划纲要（2010—2020年）》《高中阶段教育普及攻坚计划（2017—2020年）》等文件先后提出"推动普通高中多样化有特色发展"的要求。针对初中和高中阶段不同的办学定位和共同的办学追求，一方面，在保持初中阶段义务教育课程规范性的基础上，通过生活主题下的课程融合开展义务教育新课程标准倡导的课程统整与跨学科主题学习实验，在学科逻辑基础上突出课程融合背后的生活逻辑与实践逻辑；另一方面，将课程建设作为特色高中建设的核心工作，在满足国家课程要求的基础上，对学校课程进行整体性的特色设计，彰显中国特色高中的办学追求。在新形势下，天府中学坚持以国家课程为基础，结合博雅教育理念培养兼具人文精神、理性精神和科学精神的时代新人，变革课程实施方式与评价方式，将"五育并举"与全球素养的育人目标高度融合，构建具有中国特色的融合创新课程体系。融合是创新的手段，创新是融合的目的，两者相互协同，共同指向学校课程的育人需求。其中的融合涉及中外课程理念融合、学科与生活融合、学科与学科融合。创新作为融合的结果，具体表现为课程理念、课程目标、课程结构、课程内容、课程实施、课程评价的创新。作为天府中学重点突出的特色，融合是创新的基础与形态，创新是融合的目的与特质，两者互为工具，互为因果，共同体现课程育人的价值追求。

二、研究意义

（1）社会意义：在博雅教育现代化探索中，应对社会功利化对教育价值的挑战。

聚焦教育的基础性作用，坚持教育优先发展，方能更好地服务于社会主义现代化国家建设的总体要求。天府中学所开展的在博雅教育视野下融合课程创新实验与课程形态构建的实践也是顺应这一时势，进行博雅教育现代化探索的结果。博雅和功利被视为教育的两极，博雅教育认为教育的作用在于发展理性、完整的人。天府中学发展博雅教育的时代新意，将经典教育理念置入新时代我国教育改革的大背景中，用完整、理性的人的培养定位应对当前教育功利化问题，对落实"双减"要求、缓解社会焦虑具有明显的现实意义。

（2）教育意义：在融合课程的创新性构建中，应对课程片面性对发展整体性的遮蔽。

在过去，学校教育习惯于搞分离，大到把学校与社会分离、把德智体美劳五育分离，小到把知识与知识分离、把知识与事物分离，导致学生的发展不均衡、不充分。这种不均衡、不充分主要体现在三个方面：一是人的片面发展，二是人的畸形发展，三是人的同质发展。这就亟需以融合创新课程来实现课程的整合，从而培养出完整的人。就其中的融合而言，表现在理念层面是学校与社会的融合以及学科与生活的融合，在组织层面是德智体美劳五育的融合以及学科与学科的融合，在微观行动层面是知识与事物的融合、知识与知识的融合、知识与行动的融合以及知识与自我的融合。就其中的创新而言，表现为从课程理念、课程目标、课程内容、课程实施、课程评价等方面实现课程形态的整体创新。

三、研究目的

（1）理论层面：用时代新人的视角发展博雅教育理念的时代新意。

通过赋予博雅教育新时代的内涵，进而探索学校教育着眼未来、应对挑战的有效路径。教育始终是为培养适应并引领时代的人才服务的,所谓"每一代人有每一代人的长征",不同时代教育面临着不同的任务。从五四时期的新青年开眼看世界,社会主义革命和建设时期的社会主义新人学习世界,到改革开放和社会主义现代化新时期的"四有"新人面向世界,再到中国特色社会主义新时代的时代新人胸怀世界,其历史生成逻辑拓展了博雅教育在当今时代的价值意涵。在本研究中学校将时代新人的内涵进行校本化解读与课程化转化,提出"时代精神(德性)、人文精神(感性)、科学精神(理性)""三种精神"的理论阐述,形成具有中国特色、符合时代教育特征、体现博雅教育理念的学校课程建设实践理论。

(2)实践层面:用融合课程的理念创新博雅教育实践的行动路径。

从各科分立到融合发展,融合课程的理念改变了分离育人的行动路径,学校教育从学科本位开始走向领域融合的育人本位。这一当前世界课程改革的重要趋势与传统意义上的博雅教育既有内在特点的共通性,又有具体目标定位与实现路径的差异性。本课题组用当前先进的融合课程理念创新博雅教育实践,具体体现为"全球视野 融合创新"的理念融合,"全球领导 成己成物"的目标融合,"学科特质 主题整合"的内容融合,"实践学习 适性组织"的方式融合,"过程循证 结果实证"的评价融合等。

四、研究设计

(一)研究的思路

本研究基于新时代创建中国特色中学教育的设想,立足培养具有实践创新能力、社会责任感和全球竞争力的未来人才,通过对博雅教育理念的时代性、校本化理解,与融合课程理念相结合,进行学校课程的整体形态构建。在具体的研究过程中,综合运用文献研究法、行动研究法、比较研究法以及循证研究法,展开对五大子问题的研究。这五大问题分别是立德树人视角下博雅教育的时代认识、博雅教育理念下融合课程创新形态的实现机理、融合课程创新形态的整体结构、融合课程创新形态的要素体系、融合课程创新形态构建的行动范式。具体研究思路如图1所示。

图1 研究思路

确定研究目标

- 问题提出
- 实践需求：学生发展定位
- 文献综述：基础教育现代化改革相关课题和资料整理
- 政策解读：中国基础教育相关的政策梳理

研究课题：博雅教育视野下融合创新实验课程的实践研究

具体研究过程

研究内容：
- 立德树人视角下博雅教育的时代认识
- 博雅教育理念下融合课程创新形态的实现机理
- 融合课程创新形态的整体结构
- 融合课程创新形态的要素体系
- 融合课程创新形态构建的行动

研究方法：
- 文献研究法
- 行动研究法
- 比较研究法
- 循证研究法

成果呈现：
- 三种精神：时代精神、人文精神、科学精神
- 四个统一：感性与理性、自我与社会、知识与智慧、学习与实践
- 一轴两翼：以探索世界为中轴，以认识自我与领导社会为两翼
- 双线五维：以"融合""创新"为双线，以课程理念、课程目标、课程结构、课程内容、课程实施、课程评价为五维
- 三阶六步：基础层、中介层、转化层，认识、比较、鉴别、吸纳、融合、创生

研究总结与反思

研究取得的效果：
◆ 学生全面型、整体性发展
◆ 教师研究型、专业化发展
◆ 学校特色化、高水平发展

反思与计划：
- 具有国际视野的高中特色化办学成果如何进一步发挥引领示范作用？
- 融合创新课程形态的相关要素如何进一步构建关系，体现整体性特征？
- 融合性、实践型课程形态如何全面落实到学校课程实践的各个层面？

图1 研究思路

（二）研究方法

1. 文献研究法

本课题从三个角度切入进行文献研究：一是国内基础教育阶段课程改革及相关政策与指导文件，二是全球领先的基础教育尤其是高中教育范式渊源与发展，三是新时代育人模式与全球素养的关系研究。对这三个角度的已有研究进行总结综述，全面、正确地了解掌握 30 年来基础教育改革的历史和现状，尤其是对中西部地区现阶段中学教育改革的具体需求进行梳理，是探寻新时代国际一流水平课程的必备要素。

2. 行动研究法

行动研究法被运用在分析阶段性教学成果上，所有的课程设计、实践和评估都处于一个开放的动态系统中，并且可随时改进。教师、学生、研究者在整个教学与研究过程中不断进行相互观察与交流，学生在融合创新教育教学过程中，其人格、心智、国际素养都将接受多元化动态评估，诊断性、过程性、总结性评价将贯穿于教与学过程的始终。

3. 比较研究法

比较研究法是根据一定的标准，把相关的事物放在一起进行考察，对比其异同，以把握事物特质的研究方法，亦即从联系和差异的角度观察和认识事物，进而探索事物发展规律的研究步骤。本研究采用"认识—比较—鉴别—吸纳—融合—创生"的研究方法，在中小学实践研究中较为系统、深入地运用比较研究法，针对具体教育理念、课程理念、课程形态、课程内容等内容对当前我国中学教育的情况与其他发达国家的情况开展了比较研究。

4. 循证研究法

循证研究法是一种基于证据的思维方式，强调在做出决策时，应该基于最佳的证据来进行，在课程实践效果中具有实证作用。本研究在课程评价领域主要采用基于证据、遵循证据的思想，让研究更具科学性。本课题注重过程循证与结果实证，形成了过程性评价的标准细目与技术支持平台。

（三）研究的阶段

2020 年 9 月—2020 年 11 月：梳理国内外文献，整理相关理论、实践研究报告，整合已有教学资源，对相关教育理念与课程实践案例进行比较研究，构建融合创新课程框架。

2020年11月—2021年8月：第一阶段融合创新课程教学实验与实践，收集相关教育教学效果评估数据。

2021年8月—2021年9月：整理评估数据，初步探讨影响课程实施效果的主要因素，进行课程形态相关要素调整。

2021年9月—2022年8月：第二阶段融合创新课程教学实验与实践，收集相关数据。

2022年8月—2022年12月：在已有评估基础上，进一步调整课程形态，优化课程资源。

2022年12月—2023年12月：在上述工作基础上完成研究报告的撰写。

五、主要研究成果

（一）成果一："三种精神"——立德树人视角下博雅教育的时代认识

1. 传统意义上的博雅教育

博雅教育最初源自古希腊，延续并盛行于古罗马、中世纪，是一种自由民专属的教育，也是一种以休闲为目的的非功利性教育。传统意义上的博雅教育具有阶级性，只有非奴隶的自由民才能接受博雅教育；同时博雅教育强调教育目的的非功利性，以休闲享受作为教育的价值取向，力求摆脱庸俗，追求卓越，培养个体的理性精神和提升个体心灵素养。

博雅教育既是一种教育理念，同时也代表着一种教育内容。西方历史上存在两种对立的博雅教育传统，即雄辩家的传统和哲学家的传统。雄辩家一派以智者学派为代表，他们以培养具有坚强人格的政治家为己任，将雄辩术和修辞术作为博雅教育的重要内容。哲学家一派以柏拉图、亚里士多德等人为代表，以培养哲学王作为教育的终极目的，构建了"四艺"（算术、几何、天文、音乐）的课程体系，为中世纪博雅教育的"七艺"课程体系搭建了良好的基础。但从整体上讲，传统的博雅教育具有三个特点：非功利性、塑造心智、重视人文知识。

2. 发展变化中的博雅教育

古今中外，博雅教育思想不是一成不变的，而是一直处于一个动态的发展变化过程中。博雅教育思想的变化在一定程度上也代表着西方教育思想的转型与变革。

18世纪，随着社会工业化以及自然科学的发展，以斯宾塞为代表的功利主义和以赫胥黎为代表的科学主义批判古典博雅教育内容脱离生活、华而不实。为适应经济与社会的发展，纠正轻视实用知识的社会风气，课堂中逐步引入以实用为导向的科学知识，传统的人文教育逐渐被科技教育取代，博雅教育的内容以及教授对象发生了巨大转变。19世纪以后，博雅教育作为和专业教育相对立的教育形式出现，与逐渐流行的通识教育成为同义词，其目的在于发展理智和训练心智，反对追求功利和一味以实用为目的的教育。此时的博雅教育逐渐从最初关注"雅"到更多地注意到"博"转变，和"通识""广泛""非专业性"等概念联系在一起。

20世纪开始，进步教育与实用主义浪潮兴起，与其相对的博雅教育逐渐没落。但是教育界关于实用主义和人文主义教育的讨论一直存在。例如，以杜威为代表的实用主义，反对"二元论"的线性思维方法，认为不应该将教育中的休闲与雇佣劳动等关系进行对立，博雅教育的内容需融入实用知识，将以培养人文精神为代表的博雅教育与以培养科学精神为代表的进步教育相结合。此外，阿德勒等人认为博雅教育的对象应拓展至所有公民，将博雅教育发展成所有公民都可接受的普通公民教育，从关注一类人的部分发展走向关注全体公民的整体发展。

3. 立德树人视角下新时代的博雅教育

新时代的博雅教育，是广泛汲取人类文明发展进程中的先进知识与文化，根植于中华优秀传统精神与文化土壤，让学生在实践参与中传承与发展人类文明，进而涵养学生正确的价值观念，形成德性、理性、感性整全发展，实现心灵成长的教育理念。

与传统博雅教育重人文和科学两个维度比较起来，新时代的博雅教育体现了时代精神（德性）、人文精神（感性）、科学精神（理性）三种精神维度。天府中学对其具体的理解为：时代精神包含理想信念、家国情怀、民族精神、社会责任等，指向高尚德性；人文精神包含人文积淀、国际视野、艺术审美、社会适应等，体现积极感性；科学精神包含批判质疑、问题解决、实践探究、创新创造等，指向深刻理性。高尚德性、积极感性、深刻理性从三个维度促进人的全面发展，让"三种精神"指向学生心灵的完满塑造，同时为学校课程"一轴两翼"中的"一轴"即探索世界（科学世界、生活世界与心灵世界）提供博雅教育层面的理论支持。

在课题组看来，新时代博雅教育培养具有时代精神、理性精神、科学精神的时代新人。在教育实践中，基于理论知识的获取和理解，追求生活务实知能的培养，既可满足个体自我形塑和内在发展的需要，又可迎合新时代中国与世界在社会、经济、科技等方面的进步需求，实现自我认识与引领社会发展的双重目标。这赋予了博雅教育新的生命力和新时代意义，使培养具有时代精神、人文精神、科学精神的时代新人的教育目标成为可能。

（二）成果二："四个统一"——博雅教育理念下融合课程创新形态的实现机理

1. 为何融合：博雅教育理念下融合课程以培养整全发展的人为目的

博雅教育从单纯关注理性到对作为整体的人的关注，蕴含着融合的内在思想。现如今的博雅教育与当前基础教育的价值取向相一致，不再片面关注人的知识获得和技能掌握，而是关注人多方面整体素养的养成。面对当前教育中功利化对价值理性的僭越、技术化对道德人性的挤压、专业化对整全发展的遗忘等问题，博雅教育旨在突破人才的狭隘化、片面化状态，培养兼具时代精神、人文精神、科学精神的整全的人。

整全蕴含着内与外的相互协调，向内修养身心，向外探索世界，而正是在这向内与向外中形成"博"与"雅"。"博"，即知识渊博、视野广阔；"雅"，乃思想雅正、品格高雅。"博"与"雅"要依靠求真务实的科学精神、心存至善的人文精神、德性高尚的时代精神来共同实现，而这"三种精神"的培养内蕴着从分离到融合的育人方式，需要更加融合的课程设置来培养整全发展的人。

2. 以何融合：博雅教育理念下的融合课程以知识学习与创生为基础

博雅教育对学生心灵的滋养，依靠人类文明发展历程中创造的智慧成果及其对成果获得过程的经历。这些成果以知识的形式聚合在课程中，学生通过知识的获得与获得知识的过程实现"三种精神"的发展。知识是一种心智状态和条件，追求知识就是追求精神发展。那么，什么样的知识样态以及什么样的学习样态能够实现"三种精神"的整体发展？融合的知识以及融合的知识学习过程是人实现整体发展的关键，具体表现在以下三个方面：

第一，课程融合是知识的整合性呈现。从内容形态上讲，融合式课程需要对知识进行精选。精选不是单纯做减法，它包含精简和扩展两个方面。精简意味着抓取知识的本质与核心，扩展意味着搭建知识间的内在联系，知识整合则在精简和拓展两个动态过程中得以实现。知识不再是散点呈现，知识与知识间形成结构与系统，才能更好地促进人的整体发展。

第二，课程融合是获取知识的过程性体验。从过程样态上讲，融合式课程需要引导学生经历知识发现与建构的过程。并非直接给予学生知识，而是以一种适宜的方式复现知识的形成过程。但复现并非全部再现，而是经历关键环节。因而，融合式课程下的知识学习，需要学生的体验参与，而要做到让学生体验参与，则需把知识融合于情境中，融合于问题中，融合于实践中。

第三，课程融合是知识的本质性获得。从发展质态上讲，学科本质是融合式课程的最终指向。学生对学科本质充分且全面的理解，需要融合课程提供相应的场域，因为学科本质的理解并非仅局限于单科课程，只有立足于某一学科的多学科融合课程才能帮助学生以更开阔的视角认识学科本质。

3. 如何融合：博雅教育理念下融合课程的实现机理与机制

（1）内在机理：四个统一。

融合课程要践行涵养理智、开发心智与丰富灵魂的博雅教育理念，需要把握内在的形成机理，做到"四个统一"，即感性与理性统一、自我与社会统一、知识与智慧统一、学习与实践统一。其中，感性与理性统一共同指向博雅教育的目标，即培养具有人文精神和科学精神的时代新人；自我与社会统一指向博雅教育的主体，要求实践主体不仅要具有个体性，更要具有社会性，要将自我发展与社会发展相统一，在向内认识自我和向外服务社会中实现主体价值；知识与智慧统一指向博雅教育的内容，知识与智慧相辅相成，智慧内蕴于知识中，知识外显于智慧上，知识创生与智慧养成构成相互统一的内容整体；学习与实践统一指向博雅教育的方式，博雅精神的养成需要在不断的学习与实践中实现，要求做到知识与事物融合一体，认知与行动融合一体。

（2）生成机制：实践。

博雅教育理念下的融合课程需要借助外在的生成机制——实践。实践是融合的方法论，实践具有整体育人价值，人的整体素养唯有在实践中才能形成。融合课程中"感性与理性、自我与社会、知识与智慧、学习与实践"的统一也需要借助实践活动才能得以实现。因此，创设高品质的实践活动是融合课程实施的关键。那么，具备什么样特点的实践活动才是高品质的实践活动？高品质的实践活动应该直击学科本质、指向核心素养、驱动深度学习。从操作层面上讲，直击学科本质需要对学科的本质性知识进行挖掘，其中包括学科思想、学科方法、学科精神等；指向核心素养是指实践活动要以学生核心素养的整体发展为目标导向；驱动深度学习是指创设的实践活动能够在借助真实任务和核心问题的条件下，引导学生进行深度体验、探究与反思。因此，具有实践性特点的任务群教学、主题统整教学及项目学习是融合课程实施的理想方式。

（三）成果三："一轴两翼"——融合课程创新形态的整体结构

进入21世纪以来，国际上很多学校纷纷设置全球化领导力教育项目，旨在培养能够在国际社会和国际合作中融入影响的具有社会使命感的人才。本研究在学校课程建设中注重国际视野的产生，注重伦理和价值观教育及跨文化交流能力培养，立足"全球领导 成己成物"课程目标的实现，形成了与之具有适切性的课程结构。"一轴两翼 跨界交互"的课程结构是一种以探索世界为中轴，认识自我与领导社会为两翼的结构体系，整个课程结构具有注重过程性、整体性，兼顾跨界交互的特点。

"一轴"即探索世界。"世界"包括三方面：科学世界、生活世界与心灵世界。每个学生都处于这三个世界的交互之中。学生通过与三个世界互动，参与建构，进而认识自我，领导社会。其中，认识自我与领导社会也就是前文提到的"成己成物"的主要表征。学生在与各个世界互动并参与建构的过程中，通过各种活动形成三方面的思考：一是"是什么"，二是"意味着什么"，三是"应该成为什么"。在课程中引导学生对"这个世界应该是什么？这样意味着什么？它应该成为什么"等问题进行追问，从而帮助他们实现成就自我，改造世界的愿景。

探索世界是课程结构的中轴，认识自我与领导社会是课程结构的两翼，三者有机统一，共同指向"领导社会 成己成物"的课程目标，促进学生精神、智慧、心灵的整全发展。课程内在要素的协调性，使得整个课程结构自然具有整体性、交互性、过程性等特点。其一，整体意味着世界是一个整体，人与世界是一个整体，人本身也是整体，这要求融合创新课程是整体生成的课程。所以，要注重跨界，突破人为或自为的界限，实现育人场域的融合。其二，交互意味着在这个课程结构中，科学世界、生活世界、心灵世界是相互交织的，个体与社会、个体与自然、个体与个体是交互生成的，相互扭结的。其三，结构注重过程中各种内容的生成，让融合创新课程具有一定的开放性，用以支持学生可能的发展。概言之，结构决定功能，课程结构内部的要素、要素间的相互关系、作用机制又直接决定了课程功能的实现，二者相辅相成。所以，实现"全球领导 成己成物"的课程目标，需要"一轴两翼 跨界交互"的课程结构。

（四）成果四："双线五维"——融合课程创新形态的要素体系

基于博雅教育的办学理念与课程建设实践，结合学校创办中国特色高水平中学的办学定位，天府中学形成了"双线五维"的课程要素体系。该体系以"融合""创新"为内在主线，以课程理念、课程目标、课程内容、课程实施、课程评价为课程建设基本要素，两条主线贯穿于五大课程要素中，共同驱动学校课程的实践运作（如图2所示）。

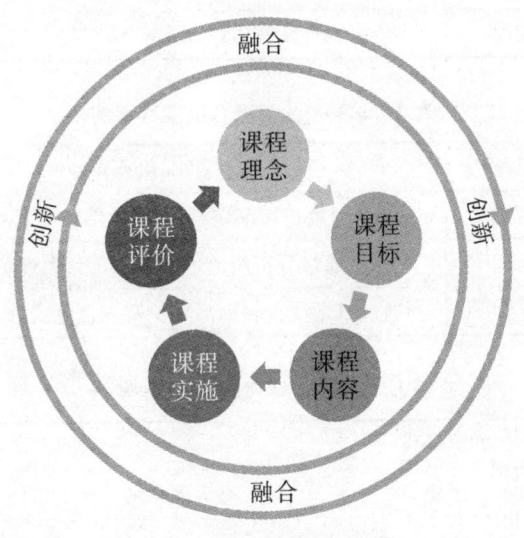

图2 "双线五维"课程要素

1. 融合课程创新形态的两条主线

融合是创新的手段，创新是融合的目的，两者相互协同，共同指向学校课程的育人需求。融合包含三个层面：中外课程理念融合（如表1所示）、学科与生活融合（如表2所示）、学科与学科融合（如表3所示）。其中，中外课程理念融合，并非直接把国外的课程资源引入学校课程体系，而是在认识、比较、鉴别的基础上，重点借鉴先进课程理念，尤其是综合性、实践性、研究性课程的理念和相应的课程组织实施方式、课程评价方式，将其融合到国家课程实施过程中，提高课程实践性、研究性。同时，要充分发挥国家课程思想性强、体系性强、结构性强等特点，切实提高课程质量和水平。学科与生活融合，则是通过对学科课程进行情境化改造，还原学科知识发现、发生、发展的过程，让学生回到学科知识发生的现场获得关于所学知识隐含的、未被言说的信息，让学生走近学科知识运用的现场，将习得的知识与生活充分联系，真正实现学用合一、知行合一，提高学生解决复杂问题的能力，实现个人发展需求与社会发展需求的融合。学科与学科融合则是针对学科与生活融合的过程中，势必出现的对学科综合性的新要求，基于具体问题情境展开的学科之间的深度融合。

表 1　中外课程理念融合的课程案例

案例	课程	融合理念
1	化学	化学实验教学理念的国际融合
2	数学	传统数学课程与计算机思维课程理念融合
3	物理	物理学科本位理念与 STEAM 课程理念融合

表 2　学科与生活融合的课程案例

案例	课程	融合点
1	语文	学习杜甫《绝句》，观察生活体会意境，写作感悟
2	物理	通过分析简单生活案例，帮助理解物理概念
3	化学	通过日常饮食和食品案例解析食品成分，理解化学知识

表 3　学科与学科融合的课程案例

案例	主课程	融合学科	融合点
1	语文	历史	学习诗词，融入历史事件背景知识
		美术	辩证地赏析景物，融入绘画技法
2	物理	数学	学习运动学，运用数学描述运动规律
		计算机	学习光学，利用计算机模拟光学实验
3	生物	化学	学习呼吸作用，分析过程中的化学反应
		地理	学习生物多样性，关联不同地理环境中的生物

创新是融合的结果，具体表现为融合创新课程的五维要素设计：课程理念的融合创新，即既立足本土核心素养，又体现全球化背景下具有国际视野的育人理念；课程目标的融合创新，即培养以领导力为核心，向内认识自我、向外引领社会发展的时代新人；课程结构的融合创新，即搭建以探索世界为主体，认识自我与领导社会跨界交互的结构体系；课程内容的融合创新，即立足学科特质，重构主题整合的内容样态；课程实施的融合创新，即基于学生差异组织课程，凸显实践参与的教学模式；课程评价的融合创新，即注重过程循证与结果实证相结合的评价方式。

总之，融合是创新的基础与形态，创新是融合的目的与特质，两者互为工具，互为因果，共同指向具有全球竞争力、领导力的人才基础性培养的需要，体现课程育人的价值追求。

2. 融合课程创新形态的五维要素

（1）体现"全球视野　融合创新"的课程理念。

2020年6月18日，教育部等八部门正式出台《关于加快和扩大新时代教育对外开放的意见》。该意见明确指出，"在基础教育领域应提高基础教育对外开放水平，加强中小学国际理解教育，帮助学生树立人类命运共同体意识，培养德智体美劳全面发展且具有国际视野的新时代青少年"。与此同时，国际学生评估项目（PISA）将全球素养（Global Competence）也纳入其评估框架。国家政策和全球教育改革都在不同程度上指向"培养德智体美劳全面发展且具有国际视野的新时代青少年"这一共同目标。面对新时代对中学教育提出的新要求，为能够参与国际竞争，培养具有领导力的高水平人才，也兼顾中国特色高水平中学的办学定位及发展情况，提出体现全球视野，融合创新的课程理念。

在课程目标方面，确立"全球领导　成己成物"的课程目标。天府中学立足本校的办学定位，将全球领导力界定为五大要素：沟通协作、学会学习、敢想敢做、认识自我、追求美好。概而言之，即在全球领导力的培养过程中实现改变传统教育主客分离、物我分割的弊端，将成物与成己统一，使学生成己成物的追求，具体体现为在不断发展的主客体关系中，改造客观世界，也建构自己的主观世界。

在课程结构方面，形成"一轴两翼　跨界交互"的课程结构。以探索世界为中轴，在探索世界的过程中实现认识自我和领导社会的双维发展，构建课程结构"一轴两翼"的整体关系；以课程设计实现学科内、学科间融合以及在新时代背景下实现跨文化、跨领域的教学内容融通。

在课程内容方面，挖掘学科本质，紧扣学科特质，深度挖掘学科的育人功能，充分发挥学科深刻、严谨的学术优势，通过学科实践活动的创新，在真实生活运用场景中激活学科的育人价值；通过学科单元教学的创新，在结构化的学科知识建构体系中形成学科整体的育人功能。同时，通过爱丁堡公爵国际奖户外探索等活动实现主题统整、观念统整、问题统整，挖掘学科与学科之间的深度关联，从横向上打破学科界限。

在课程实施方面，创新实践学习方式，综合运用主题学习、项目学习、问题驱动学习等方式，将学习的过程与问题解决的过程相统一，将学习的过程与任务完成的过程相统一。为了充分体现课程的育人功能，创新课程适性组织模式,天府中学采用"教师挂牌 自主走班"模式,改变传统高中走班分层、分类教学因强制性要求带来的公平性问题,充分尊重学生自主性和主体性,将走班选择权赋予学生,充分激发学生的自我认识和个性特质。在课程评价方面,注重过程循证,创新结果实证方式,突出过程性评价,将过程循证和结果实证进行结合,形成具有天府中学特色的过程性评价模式与平台,为课程实验的结果提供实证性数据。

(2)确立"全球领导 成己成物"的课程目标。

近年来,中国日益走近世界舞台的中央,随着影响力的增强,我国与外界的联系也愈加紧密。在大国竞争日益激烈的国际背景下,了解世界各地区、各国家,培养出更多能够参与国际竞争,具有全球领导力的创新人才,是当前时代和社会对人才培养的迫切需求。"全球领导 成己成物"的课程目标是在结合时代需求与学生发展需要的基础上确立的,即以全球领导力为核心,以国家课程为基础,在具有国际理念的课程活动中实现认识世界、理解世界、改造世界的目标,达成"成己成物"的发展追求。此处的全球领导力与单纯领导科学领域的能力有所不同。立足于学生的发展需要,全球领导力的具体表征可以概括为五点:

其一,沟通协作。沟通与协作侧重于非认知维度,沟通强调尊重、理解、共情,协作强调为了实现共同目标而做必要的坚持与妥协。沟通是协作的基础,有效的沟通与协作有助于实现更高质量的创新,尤其是面对复杂问题情境时,有效的沟通与协作尤为重要。

其二,学会学习。学生面临着学习时间有限性与知识无限性的矛盾。在学校教育内外,突破学校教育功能的局限,亟须培养学生学习的能力。天府中学认为全球领导力的要素包括调动资源、有效关联、持续探究、发现规律、深刻阐释、拓展运用六个基本要点,以及热情与专注、独立思考与批判两个重要的品格特质。

其三,敢想敢做。培养学生的创新能力,关键在于促进学生创新思维、批判思维的形成,在实践中培养学生敢想敢做的意识与能力,包括怀抱梦想的精神、脚踏实地的品质、善作善成的能力、敢于挑战的勇气、直面失败的韧性五个要素。此外,还要形成对"有理想、有本领、有担当"学生培养目标的校本细化解读。

其四,认识自我。从社会学出发,自我是社会化与个性化过程中重要的参与者和构建者。从自我认同、自我发展、职业生涯规划及达成等方面来帮助学生认识自我,才能有针对性地整合内外之力,实现学生的可持续发展。"成己成物"的目标具体应表现在学生认识自我的维度上，表现在学生参与融合创新课程的实践过程中，表现在发现、分析、解决问题的过程中，在对自身态度、情感、方法等进行深度反思的基础上，形成的一种主观性建构，这一过程是高水平实现课程目标的关键。

其五，追求美好。天府中学的课程创新在本质上趋向教育事业的向善性，其目的与行动具有内在统一、相互构成的特点，课程参与过程是学生在形成国际竞争力与领导力的过程中，向往美好生活、追求幸福人生的根本行动。所以，融合创新课程的教育教学活动成为追求完满生活和形成优秀人性的实践行动，是体现人的社会实践性的本质行动。其具体表现为教学实践中必须具有合目的、合理性、合道德的品质，形成具有价值理性的实践行动。

综上所述，沟通协作、学会学习、敢想敢做、认知自我、追求美好五大关键因素共同发挥作用，让学生与他者、情境、自我发生互动，在不断发展的主客体关系中，改造现实世界，同时建构属于自己的主观世界。简言之，成就自己，改造世界，将成物与成己在课程实践中进行深度统一。学生在成物的过程中，外在的事物才能进入人的认识活动与实践领域，成为人认识与改造的对象，并由此呈现事实、价值等方面的意义。同样，也唯有在成己的过程中，人才能以自身潜能的发展和自我的实现为形式，既追问和领悟生命存在的意义，又赋予自我生命以内在的意义。自此，融合创新课程在目标层面形成了内在统一的素养达成逻辑。

（3）创生"学科特质 主题整合"的课程内容。

学科特质是指学科根本性的特质，包含学科的价值意蕴、学科的知识体系、学科的思想方法、学科的符号系统等，重点为学科的基本理念、学科特有的性质、独特的学科地位及特殊的学科育人价值。学科有其鲜明的特质，在各科课堂中也体现出共性特征，如主体性、实践性、综合性、创造性。以往，我们更关注的是"和"，而忽略了"不同"。"和"指的是课程共同的基本性质；"不同"则是不同学科的"特有任务"，是特质。正是这样的"不同"才构成了丰富多彩的课程世界，才从不同的角度促进了学生的全面发展和个性发展。本课题在研究过程中，就如何发挥学科的育人价值展开了深入探究，深挖学科内容，探究学科特质，打造具有学科本质特征的课程，实现学科的育人价值。为此，学校组织各学科组秉持融合创新的理念，通过中外课程比较、学科史梳理与课程转化、单元大观念设计等系统研究，对国家课程具体教学内容进行精细设计，形成指向学科本质，体现育人价值的课程内容图谱，此外以数学课程图谱为例（如表4所示）。

表4　数学课程图谱

类别		普通高中数学课程（理科）	IB数学课程（国际文凭组织）	A—Level数学课程（爱德思考试局）
教学内容	相同点	集合	交集、并集、Venn图		
		函数	指数函数、对数函数、幂函数、方程		
		平面解析几何	直线、直线与方程、圆与方程		
		三角函数	弧度制、任意角三角函数、正弦、余弦正切、图像		
		平面向量	概念、几何意义、线性运算、坐标、数量积、应用		
		三角恒等变换	两角和正弦、余弦、正切公式及其推导与恒等变换		
		解三角形	正弦定理、余弦定理		
		数列	等差数列、等比数列		
		不等式	不等式组、一元二次不等式、二元一次不等式、线性规划、绝对值不等式		
		空间向量	共线、垂直、夹角、面积		
		导数	运算法则、导数函数、定积分		
		推理与证明	合情、演绎推理，直接、间接证明		
		排列组合	公式、推理		
		二项式定理	证明、展开		
		概率与统计	随机抽样、用样本估计总体、变量间关系、概率、回归分析、事件与概率、独立事件、条件概率		
		坐标系与参数方程	直线、圆、圆锥		
	不同点	平面几何	立体几何、点、直线和平面之间的关系	—	统计	树形图、箱形图、直方图、二项分布、泊松分布、假设检验
		算法初步	含义、框图、语句		力学	位移、速度、加速度、向量、力、做工、能量
		逻辑用语	命题、逻辑联结词、全称量词、存在量词		决策数学	关系网图、算法、路线巡回关键路线分析
		证明	归纳法		高等数学	一阶、二阶微分方程，级数，阿甘图，复数三角定理
		不等式	柯西不等式		不等式	分式不等式
		选修课程	数学史、信息安全与密码等		参数方程	双曲函数

续表

类别			普通高中数学课程（理科）	IB 数学课程（国际文凭组织）		A—Level 数学课程（爱德思考试局）	
课程安排	高一	数学1	集合、函数概念与基本初等函数I	Analysis and approaches（分析和方法）		AS＊＊阶段	
		数学2	立体几何初步、平面解析几何初步	SL＊阶段	数论、代数、函数、几何、三角形、统计和概率基础	必修	纯数1、2（与普高高一内容类似）
	高二	数学3	算法初步、统计、概率	HL＊阶段		选修	统计1、力学1、决策数学1（三选一）
		数学4	基本初等函数、平面向量、三角恒等变换	Application and interpretation（应用和探究）		AL＊＊阶段	
	高三	数学5	解三角形、数列、不等式	SL阶段	数论、高阶代数、高阶函数、几何、三角形、统计和概率（高阶）	必修	纯数3、4（与普高高二、高三内容类似），高数1、2（选择高数）
		高考冲刺复习		HL阶段		选修	统计1—3，力学1—5，决策数学1—3，高数3（任选5，不可与AS重复）
授课语言			中文	英文		英文	
学习周期			三年	两年		两年	
考核方式	考核目的		空间想象能力、抽象概括能力、推理论证能力、运算求解能力、数据处理能力、应用意识、创新意识	AA针对未来选择科学和经济学的学生 AI针对未来选择数学专业的学生 SL考查学生对知识的记忆和方法的学习 HL考查学生对知识的应用和问题的探究		AS针对未来选择社会科学和经济学的学生 AL针对未来选择科学和数学专业的学生 考核学生的记忆、理解、应用、分析和推理能力	
	考试时间		每年6月	每年5月		每年1、5、10月（不同模块时间错开）	
	分数设置		一张试卷总分150分（个别省份不同）	每个阶段5分		每个模块75分，每6个模块为一个450分的资质	
	考试形式		高考涵盖高中三年所学所有内容，100%卷面分数	12年级5月考两年所学内容，含20%内部评价（论文）、80%外部评价（卷面分数）		一模块一考试，100%卷面分数	

以数学课程为例，融合创新数学课程在 IB（International Baccalaureate）数学课程的基础上增添数学高考强调的平面几何、逻辑用语等内容，以增强学生的空间想象力及学生的逻辑推理力。同时借鉴普通高中数学选修教材中数学历史、数学美学等内容，能让学生了解数学世界的来龙去脉，从审美角度了解数学，开阔国际视野，厚植爱国情怀。除了纯数学之外，有必要将 A－level 数学中的实用内容融合到日常教学中。例如力学可以帮助学生更好地理解物理，统计学能够给予学生更多探究数学现象的方法，决策数学则能够帮助学生解决现实问题。

明确学科本质并以课程图谱的方式进行呈现后，课题基于融合的理念对跨学科课程进行精细开发，通过跨学科的主题设计，打破不同学科之间的壁垒与界限，整合不同学科的内容，展开跨学科主题学习活动。跨学科主题学习是一种通过跨学科领域的主题探究与学习来发挥学生主体能动性，从而实现学生全面发展的课程组织方式，在提高了学校课程学科专业深度得以保证的基础上，拓展课程内容的广度，提高与现实生活世界的关联度。在跨学科主题学习中，课程内容从学科世界走向更为广阔的真实世界，学科的抽象性逐渐向生活现实性靠近，通过多学科知识的深度关联与整合运用，弥合以书本世界为主的学校课程与生活世界之间的缝隙。天府中学已形成诸如此类的跨学科学习活动库，开展常态化综合性学习。此处以初中生活主题融合课程为例（表5），整合青春烦恼、信息科技、文化传承创新、社会新闻、生态与环境等多方面内容。

表5　跨学科学习活动（初中生活主题学科融合课程）

课题	融合学科	涉及生活主题	课题简介
青春期性教育主题课	心理＋生物＋道德与法治	青春烦恼	打破原有年级、学段的课程秩序，同频整合不同学科的教学内容，开展多角度、多种形式的青春期性教育和思想教育。让学生们在生理认知、思想道德、人际关系等方面有所收获
曹操墓疑云——信息爆炸时代下的信息甄别	历史＋信息技术	信息科技	借助网络，采取有效策略对曹操墓信息来源的可靠性、内容的准确性进行甄别。借助史料、文物等进行印证和判断

续表

课题	融合学科	涉及生活主题	课题简介
草木着色印春意	美术＋生物＋语文	文化传承与创新	从着色原理角度研究植物种类并进行适用布料和石材工具的选择。从专业的角度认识色彩表达的多样性，从生态的角度亲近和眷恋自然。在"颂春"韵律中，构思"印春"图案，体验"悟春"的愉悦
清明上河图的前世今生	美术＋语文＋历史	文化传承与创新	与8年级语文课《梦回繁华》同频进行。在文本学习的基础上，欣赏中国画多点透视的精妙、大气磅礴的气势，认识惟妙惟肖的人物刻画、动静结合的写实手法。在细品和探寻文章描述的前世故事的过程中，重温人教版历史七年级下册《宋代经济发展》历史课内容。通过欣赏"故宫立体书"，在分享中感知文化传承的创新和魅力
新文化运动	历史＋语文＋英语＋美术	文化传承与创新	用音乐和诗歌带领学生回到北洋军阀统治的那个年代，通过细品油画、讨论语言形式、研读文本，把历史与语文、英语、美术等知识融入话题讨论，让学生多角度、全方位地认识新文化运动
洪灾抗争的中华文明史	地理＋历史＋道法	社会新闻	以"洪灾"为主线，在了解概念、分析问题、解决问题的基础上，完成对洪灾的"史料解读""时空转换"。弘扬"一方有难，八方支援"的团结互助精神，厚植家国情怀，体会我党全力保障人民群众生命安全，努力维护社会稳定的决心和行动
神奇生物在这里	生物＋地理	生态与环境	在互动中认识和理解生物与环境的相互关系，构建大生态观和学科融合的知识体系
Citywalk课程	历史＋道法＋地理＋生物＋美术＋语文＋……	文化传承与创新	在亲近和探究城市文化的过程中，以多科学的视角，用喜欢的方式，推荐和描述感兴趣的地点和内容，培养积极向上的生活态度

续表

课题	融合学科	涉及生活主题	课题简介
未来城市建造师	地理＋信息＋生物＋美术	生态与环境	针对可持续发展的绿色能源、花园城市、废品利用、污水处理等话题，以地理学科知识为基础，信息科技知识为支撑，广泛借助生物、化学、物理、美术等多门学科的资源，引导学生多角度打造梦想中的新城市模型
全科冲浪	政＋史＋地＋生＋信息科技＋心理健康＋音乐＋体育＋美术	文化传承与创新	校科学节传统活动，每年都有一个主题（如 2020 年"Everything OK"、2021 年"寻梦飞天 强国有我"），从全员参与的"百科问答"筛选，到班级组队的智力PK，各学科教师围绕主题，给出与本学科相关、与生活实际相融的启智和应用问题，最大化促进学生思维的培养和情感的投入
梦幻联动系列之成都印象与《诗经》解读	政＋史＋地＋生＋信息科技＋心理健康＋语文	社会新闻	1. 为大运会做成都宣传：《天府之根——神秘的古蜀文明》《在成都遥望雪山》《天府生机》《寄情天府——成都特色的文创设计》 2.《千年民谣——诗经》《思无邪与正念》《诗经与婚俗》《诗经里的那些花儿》《诗经中的历史》《汉之广矣，不可泳思》

（4）创新"实践学习 适性组织"的课程实施。

实践学习超越了传统知识授受的学习方式，是在探究学习基础上更具综合性的学习方式，代表着当前学习方式变革的主要方向。实践学习是在真实情境下就问题、主题、任务等展开的具有学科本质性和生活真实性的完整的经验建构活动。实践学习具有包容性，一方面能包容具有融合特征的学习内容；另一方面能包容学生的精神、情感、智慧、心灵等，对促进学生整全发展具有先天优势。课题组在研究中达成了基本共识：首先，强调实践学习并不是抛弃"知识"，而是要以一定的知识储备为基础，体现知识灵活运用的能力；其次，强调通过实践获取、理解与运用知识，倡导学生在实践中总结、巩固、更新自己的学习经验，实现自我的知识建构与创造；再次，实践学习不仅适用于综合性、实践性的跨学科学习活动，更要成为学科学习中更常态化的学习形式，让学科中的实践学习真正驱动学生强烈的自主性和社会性，让学科核心素养真正在常态化的实践学习过程中得以发展。实践学习方式的地位确立，对前述课程内容的高质量落地实施，具有不可替代的关键作用，是融合创新课程体系建构重要的组成部分。

天府中学确立的实践学习理念，充分借鉴了加德纳关于"学生像专家一样学习"的理念，深刻把握了核心素养的关键特质是"专家思维"的要义，通过让学生体验学科专家典型的学习方式，获得高质量的学科核心素养。实践学习的过程，是学生主体寻求对客体的目的性改造的过程，在此过程中学习主体不断实现自我意义的建构，实践也体现出对主体发展的反作用。这种双向作用的机制，构成了天府中学实践学习的内在机制，体现了理论运用的深刻性。教师通过创设各种实践性活动，引导学生以兼具学科性与趣味性的方式学习。在这一过程中，学生可以采用不同的方式，有针对性地进行不同学科的学习。比如：在语文和英语的课堂中注重学生的听说读写能力整体发展，让学生用言语的方式学习语言；在自然学科或理科中注重让学生去实验、去探究、去发现，用科学（实验）的方式学科学，做到有理有据，培养学生的理性精神。艺术追求美，和而不同，各美其美，没有固定标准，因此要引导学生用艺术的方式学艺术，学会欣赏美、创造美……再以道德学习为例，如若只停留在知识的符号层，那其对于学生品德的形成无多大益处，而且可能适得其反。根据道德的形成机制，学生需要更多地去感知、体悟、实践，而不是背诵。这要求学校将道德教育全面融入学校课程体系中，让道德教育真正成为学习、生活自然而然的部分，彻底改变传统意义上独立的、说教的道德教育形式，构建真正具有德性的学校生活。

为在整个课程实施中落实以实践为核心的理念，课题组形成了"学科方法+学科内容"双线并进的实践学习行动路径。如借鉴 IB 数学课程中的探究性论文写作理念，鼓励学生进行独立的创造性研究和探索；在化学学科教学中，真正让学生像学科专家一样经历科学探究与实践的过程，在真实、完整、专业的科学研究中获得化学的知识，使用化学的方法，形成具有专家特征的知识体系与思维方式；在劳动类学习中，让学生在真实情境中解决复杂问题，形成核心素养，这一过程包括信息收集与加工、方案设计与论证、技术设计与工具选择，最终形成相关作品并推广；在社会实践类学习中，让学生经历现实生活观察与问题提出、社会调查、相关变量控制研究、收集并分析数据、提出解决实际问题的方案、验证方案等学习环节。这些过程，既能有效整合学科学习内容，又能完整应用学科典型方法，让学生经历借助学科知识解决现实问题的科学过程。可见，以实践的方式展开学习，更能体现学习的深刻性和丰富性，从而更接近真正意义上的学习，更有利于培育学生的核心素养。

【案例】在学习电磁感应时，学生按照以下流程进行学习：

（1）教师布置预习，让学生阅读教材相关章节，初步了解法拉第电磁感应定律、楞次定律等基本概念和规律。

（2）在课堂上，教师实际展示电磁感应现象，如在导线圈中快速移入强磁铁。

（3）学生进入实验室，使用示波器、信号发生器、电流采集装置等设备，并自行设计电磁感应实验方案。

（4）分组进行电磁感应实验，精准测量所需数据，绘制图表展示实验结果。

（5）学生将实验数据代入公式，计算电感系数、感生电动势等，训练应用理论知识解决实际问题的能力。

（6）学会撰写实验报告，通过变量介绍、记录实验过程，分析实验图像，计算实验数据，表述实验结果，而后简述电磁感应实验对课堂知识的深化作用。

（7）使用 Matlab 编写程序，模拟电磁感应过程，观察参数变化对结果的影响。

（8）教师组织学生讨论，并给出评价与反馈。

在课程实施的过程中关注是否真正解决生活问题，关注是否真正落实核心素养，在反思、评估和改进中进一步优化和推广课程（如图4所示）。

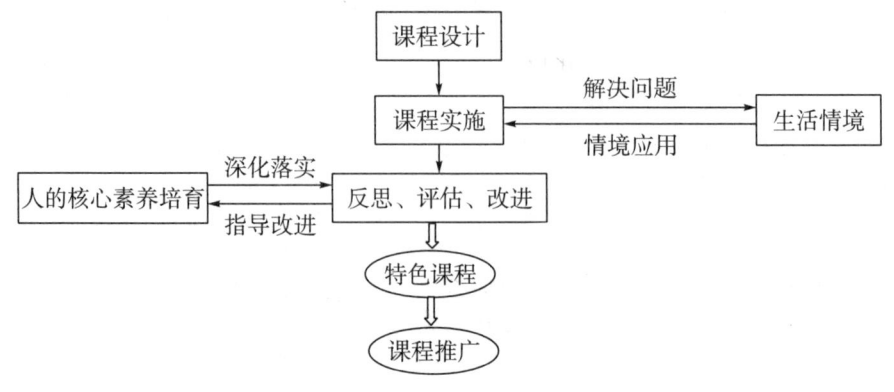

图4　课程实施与改进图

在课程实施方面，尤其值得一提的是关于课程组织管理的创新之举——"教师挂牌　自主走班"实验。为充分体现适性组织特点，为学生领导力发展提供更多机会，课题组对当前高中阶段选课走班的常用模式进行了比较、分析，通过研究，形成了具有天府中学典型特色的选课走班机制。传统意义上，高中选课走班是针对不同群体选择不同的教学目标和内容，采取不同的教学方式，从而让不同层次的学生都能得到充分发展。但是，课题组充分认识到了此种做法背后隐含的不平等性。为充分尊重学生的主体性，激发学生的自省力，天府中学不以分层、分类的方式组织课程，而是在保证课程高水平、一致性的基础上，注重教师的个体风格及其与学生之间的适配性，由学生自主选择适宜自身学习特点的教师，进而形成不同的组班方式。以数学为例，对比中国高中数学课程、IB数学课程和A-level数学课程内容和考核要求，天府中学将知识进行了模块化梳理，形成具有融合特征的课程内容，并充分尊重教师个性及他们对课程内容的理解，在保证内容一致性的基础上，体现教师教学风格的多样性和灵活性，让学生根据自身学习特点选择适合自己的教师。这种走班方式，避免了对学生进行层级区分带来的心理伤害与不公平性，用个性化取代层级差异，给予教师、学生充分的尊重。这一创新之举，作为高中学校"选课走班"的一种新尝试，运行效果良好，在实施过程中，得到了教师、学生、家长的广泛欢迎。

（5）注重"过程循证　结果实证"的课程评价。

人工智能和数据科学技术的快速发展以及循证教育理念的逐步深入，促使课程评价从传统的基于感知的评价向现代的基于证据的评价转变。本课题注重过程循证与结果实证，结合天府中学"融合先进理念、创新课程实践、培育时代新人"的理念，围绕"知识""责任""创造"三个主要维度，整合精神、情感、德性、理性、人格、知识等整全发展的要素及体现全球领导力的五种具体表征，进行课程评价的结构化设计，提供有针对性的技术支持（如表6所示）。

表6　过程性评价量表（初中生活主题融合课程）

评价要素	评价标准	星级
主题	作品与主题关联度不高（*）	
	主题较鲜明，内容较丰富（**）	
	主题非常明确，内容非常丰富（***）	
画面质量	画面抖动，主体不突出，背景杂乱（*）	
	拍摄画面保持横向，画面相对稳定、清晰，突出拍摄主体，背景相对干净（**）	
	巧妙应用分镜头（如不同的景深等）表述情节，尝试运用创新拍摄手法（***）	

续表

评价要素	评价标准	星级
情节结构	视频叙事结构混乱，没有清晰的逻辑主线，缺乏片头（*）	
	视频叙事结构完整、流畅，有片头（**）	
	视频叙事结构有创新有亮点，如引人入胜的片头、线索清晰的情节、情感升华的片尾等（***）	
素材内容	有背景音乐，但与视频主题不搭；没有英文旁白（*）	
	有与视频较为搭配的音乐，有原创中文配音旁白解读（**）	
	有原创中英文配音解读，背景音乐和视频相得益彰；有标题、字幕并清晰表达内容（***）	
技术应用	能通过网络下载所需要的多媒体素材，掌握基本视频剪辑的技巧和方法（*）	
	能通过多种路径获取所需要的多媒体素材，能灵活应用音视频剪辑、拼接等处理方法（**）	
	能通过多种路径获取所需的音频、视频素材，甚至创新应用数字人录制、合成声音、AI绘画等创新方式获取素材；视频剪辑中能创造性应用视频特效、转场效果，增强视频感染力（***）	
学习品质（满足一项得一个*，可累积）	活动中专注力强，能坚持完成作品（*）	
	遇到困难能想办法克服，不依赖家长或教师（*）	
	能与同伴有效沟通、合作（*）	

首先，形成过程性评价的标准细目与技术支持平台。结合具体的课程要求，不同课程围绕整体的课程目标和具体的课程特点设计细化的评价标准（如表7所示），开发出适宜的过程性评价工具，包括但不限于试题、表现性任务、过程性记录表、档案袋等。为充分体现过程性评价服务于教师教学和学生学习的特点，将过程性评价的内容进行细小维度的划分，记录反馈单元学习、家庭作业、实验、拓展等部分的具体表现。为了采集过程性学习数据，为评价提供实证，从而指导教学与学习，学校在已有课程评价系统平台的基础上进一步优化了平台功能，力求科学、有效、合理地收集过程数据，破除学生全程评价的黑箱效应，让一切学习与成长过程有迹可循。在结果上，通过数据积累与系统分析，形成终结性的评价结果（如图5所示），使评价更加科学。由于有大量过程性数据的支持，学生的结果性评价体现出了较为明显的实证性特征。过程性评价与终结性评价相结合，量化评价与质性评价相结合，诊断性评价与发展性评价相结合的理念，让学校的课程评价更加趋向于真实、科学，能够真正服

务于教师的教学与学生的发展。天府中学课程评价体系以育人发展为根本，以过程证据为核心，以智能技术为保障，注重过程循证，结果实证，真正发挥了评价促学、促教的功能。此外，天府中学已经形成了与这套课程评价体系匹配的、相对成熟的技术平台，具有一定的推广运用价值。

表7 过程性评价的量表

英语	课堂表现 10%	作业 20%	月考 20%	随堂测验 10%	期末考试 40%	—
数学	课堂表现 10%	作业 10%	随堂测验 10%	半期考试 20%	期末考试 40%	—
物理	课堂表现 5%	作业 10%	随堂测验 10%	半期考试 20%	期末考试 40%	实验操作 15%
化学	课堂表现 10%	作业 10%	实验操作 10%	随堂测验 10%	半期考试 20%	期末考试 40%
财商	课堂表现 10%	作业 10%	堂测/展示 20%	半期测试 20%	期末考试 40%	—
中文	课堂表现 5%	作业 15%	活动展示 10%	半期考试 30%	期末考试 40%	—

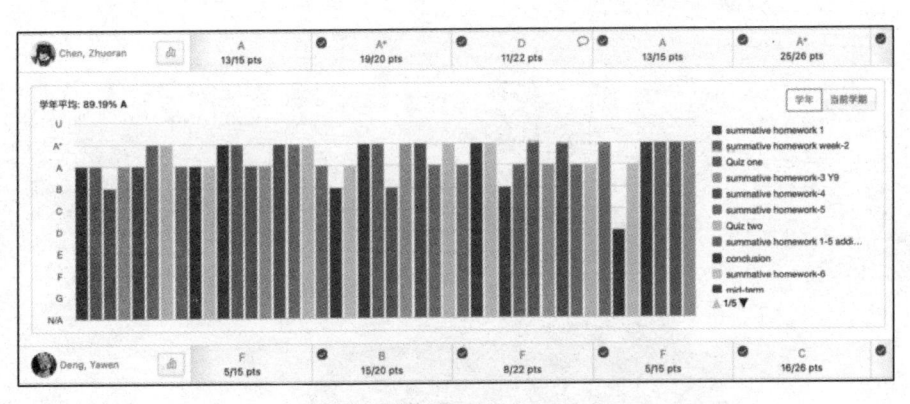

图5 学生终结性评价分析图

"双线五维"的课程要素彼此衔接、相互支撑，形成具有国际视野的实践型课程创新形态。该课程以学生实践为核心，将学习视为对一定社会文化情境的理解和参与，围绕"是什么？意味着什么？应该成为什么？"等问题进行设计，引导学生思考"这个世界应该是什么？这样意味着什么？它应该成为什么？"等问题，从而将传统的先学后用转化为边学边用、学用结合、学创合一。学生借助特定的学习工具以及活动方式，在问题情境中将个人的体验经历与需要掌握的概念预设自然融合，突破学科课程与活动课程（经验课程）之间的对立，以此获得可供广泛迁移与适应的核心素养。

（五）成果五："三阶六步"——融合课程创新形态构建的行动范式

在新时代背景下，博雅教育应培养兼具人文精神、理性精神和科学精神的时代新人。因此，学校应抓住承载教育理念、实现教育追求的核心依托——课程，在合理辨析博雅教育发展演变、吸纳博雅教育精髓的基础上，在中学教育实践中摸索体现博雅教育思想、符合新时代我国社会发展特点和教育发展要求的课程行动路径和行动范式。天府中学在融合创新课程实验的探索与实践中，形成了"三阶六步"的课程建构行动范式（如图6所示）。该范式秉持"融合先进理念、创新课程实践、培育时代新人"的核心理念，围绕精神、情感、德性、理性、人格、知识等方面整全的人的培养，遵循"吸收、融合、内化、超越"的基本路径，用国际视野审视高中高水平办学中的理念运用与具体行动，融合中外教育优势，以本土化、现代化为目的，将国际先进理念与课程行动进行解构，将其移植到民族文化的土壤里，孵化出具有时代特征、彰显中国特色、契合学校特性的课程体系，为培养出具有家国情怀，能够参与国际竞争的现代人才奠定坚实基础。

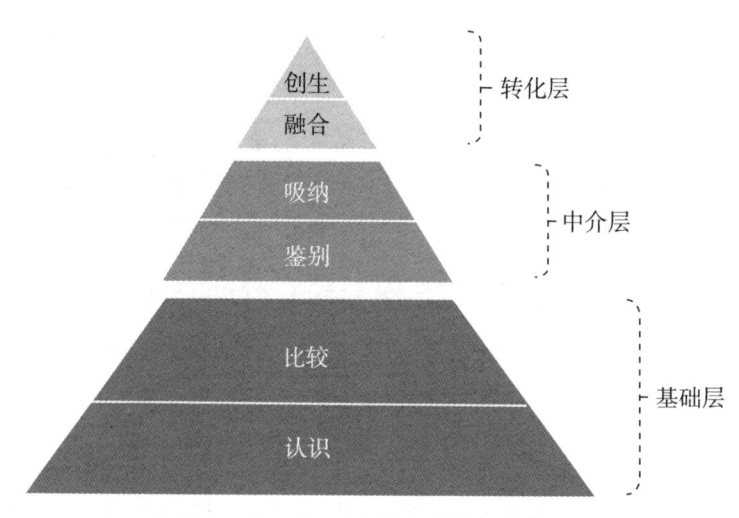

图6 "三阶六步"课程建构行动范式

1. "三阶"路径

"三阶"是学校融合课程创新形态构建的基本行动路径，指向课程建构的三个层次，即基础层、中介层、转化层，三个层次相互关联、逐步递进。基础层又称奠基层，是课程建构的起点与前提，为课程的解构与转化提供认识性基础。中介层是课程解构的重要过程，也是实现课程转化的关键枢纽，具有承上启下的作用。转化层是实现课程重构的最终环节，体现着融合与超越的实践特点。"三阶"是学校课程建构内在的认知基础，为融合课程创新形态建构提供行动理据，体现了课程实践知行合一、理实相生的行动特点。

2."六步"方法

"六步"分别为"认识""比较""鉴别""吸纳""融合""创生"，六个步骤呈现出环环相扣、层层递进的关系，形成了融合课程创新形态建构的方法论。

"认识"是前提，是基础，是一切行动的原始根据，若要对国内外课程进行分析比较，则需对本国及他国课程进行全面的了解，具体包括课程理念、课程标准、课程结构、课程实施、课程管理与评价等方面。在形成全面认识的基础上，对比分析国内外教育教学政策、措施与成效，以及具体课程在目标、内容、实施、评价等方面上存在的异同，进而总结出该课程在国际上的发展特点及趋势。因此，"认识"与"比较"属于基础层，其目的在于为下一阶段的鉴别与吸纳提供行动基础。比如：鉴于学校办学定位和育人目标设置的特点，对作为学生参与国际竞争必需的英语学习，其要求要明显高于普通高中同年级学生学习的要求。学校通过对国际公认的英语课程理念加以分析，并对我国高中英语课程标准的相关理念与学业水平要求与国外课程相比较，确定了符合学校育人目标的英语水平标准，内容主要包括语音、词汇、阅读理解、写作能力等方面的具体要求。化学学科教学中进行了大量文献查阅，对化学实验领域在《高中化学课程标准》、A-Level 大纲、IB 大纲等不同课程标准中相关课程目标、内容等进行比较研究，成为创新化学实验教学的基本参照（如表 8 所示）。

表 8　化学学科实验教学的目标、内容比照表

实验教学过程	国内大纲	A-Level 大纲	IB 大纲
实验前	预习实验，了解实验目的，学习实验原理。熟悉实验室安全守则	预习实验，了解实验目的，学习实验原理。熟悉实验室安全守则	学生根据研究内容，查阅文献，自行设计实验方案
实验中	学生按照详细的实验步骤进行操作，观察并记录实验现象	学生做好安全防护，按照详细的实验步骤进行操作，观察并记录实验现象	学生做好安全防护，以小组进行分工合作，开展具体实验，观察并记录实验现象，并进行组内讨论和分享

续表

实验教学过程	国内大纲	A-Level 大纲	IB 大纲
实验后	根据给定问题进行讨论和探究	学生对自己收集的数据进行处理分析，根据分析结果得出相应结论，并能够进行误差分析，提出改良建议	学生处理分析结果，完成课题总结和报告，以科学研讨会的形式进行汇报和展示

"鉴别"与"吸纳"属于中介层，是课程实现融合创生的关键环节。吸纳的前提在于对国外课程中可供借鉴的要素进行挖掘，但挖掘出的要素并非都能被吸纳融合，因此，在此基础上还需遵循"先进性"与"契合性"原则，对挖掘出的要素做进一步的鉴别与筛选（如表9所示）。"先进性"是指国外课程蕴含先进育人理念、教学方式以及评价方式等，体现着国际教育改革与发展进步思想和主流方向的内容；"契合性"是指国外课程要素与本国政策、文化以及教育体系相贴合的程度，以保证国家课程高质量、高水平实施。比如，根据党中央对学校思政课程与课程思政工作的有关要求，结合习近平总书记关于学校课程应与思政课程同向同行的明确指示，在对国外的有关课程理念、课程实施方式等进行鉴别与吸纳时，能否保证与思政课程同向同行，成为鉴别相关课程理念与方式是否可采用的重要标准。因此，课题组形成了"严格把握思想意识形态、准确把握内在价值导向、深刻把握中外文化差异、客观把握学生认知水平"的行动原则，形成了课程资源鉴别清单，对凡是从国外课程中借鉴的一切资源，包括标准要点、核心理念、学习素材、影音材料、图片材料、评价工具等逐一甄别，通过审核人、学校课程审议小组的严格审查，确保资源的先进性与可用性。

表9 课程资源审核单

天府中学融合创新课程资源审核单			
资源名称		资源类型	
资料来源		资源内容	
使用场景		使用范围	
审核标准			
是否符合思想意识形态要求		是否符合正确价值导向要求	
是否符合本土文化要求		是否符合学生认知水平特点	

续表

天府中学融合创新课程资源审核单				
审核人1审核意见		审核人2审核意见		
课程审议小组意见				

再比如，项目式学习理念在当前世界基础教育改革课程实施中被广泛重视和积极采用，新的课程标准也倡导开展项目式学习活动。由于综合学习、实践学习相关理论在我国基础教育课程改革中长期未受到重视，基于真实情境、复杂问题的学习始终未形成相对成熟的课程样态与实施经验。在注重核心素养培育的当下实践中，如何借鉴国外项目式学习的先进理念，并吸纳到学科课程实施的过程中，成为鉴别、吸纳这一环节的重要研究内容。

"融合"与"创生"属于转化层，是融合课程创新形态构建的最终样态。融合并非对国外课程的单纯"嫁接"，而是既能汲取国外课程中的理念精髓，又能按照国家政策要求和落实国家课程的具体需要，结合学校办学实际，通过理念融合充分激发国家课程的育人效益和内在优势，让先进课程理念为我所用。课程的转化与重构需要遵循文化逻辑、时代逻辑、实践逻辑和学科逻辑，在整合中外教育资源的基础上，不断通过教学实践来进行检验、调整和完善，创造性生成具有自身特色与亮点的课程体系，在坚守我国优秀教育传统，彰显文化自信，严格落实国家课程的同时，又展现出积极开放的国际视野，在先进课程理念的介入下，形成高水平、高质量的高中学校课程体系。比如，在物理学科中，充分体现现代科学的时代性、实践性、学科性特点，融合国际相关课程中真实性、研究性、实践性突出的理念，创造出了具有天府中学特色的综合化、实践化物理课程，真正在物理学科学习中实现学以致用和用以致学。

【案例】老旧小区安装电梯。

近日，成都市某老旧小区因加装电梯而导致邻里不和的新闻引发社会热议。在老旧小区加装电梯，是近年来逐渐发展起来的改善居民居住条件的有效途径。然而在实际推进过程中，经常出现高层住户积极响应而低层住户反对的现象，原本一项"便民工程"却成为部分小区邻里矛盾产生的直接原因。如何在让高层住户"受益"的同时不让低层住户"烦心"，成为老旧小区加装电梯需要解决的重要课题。我们把这个难题搬进课堂，在教师们的引导下，一起探究矛盾根源、设计最理想的解决方案：

老旧小区各有怎样不同的特点？哪些因素在影响着老旧小区安装电梯的意

愿？可持续发展的内涵究竟是什么？电梯的规模和结构与能源节省量有着怎样的关系？社会科学视角可以帮助你从宏观、中观、微观角度抽丝剥茧、透彻分析，帮助定性+定量分析各种因素的影响程度，回答"to what extent"这个关键问题。你将学习到野外实践调查的技巧与能力，包括如何制作有效的调查问卷，如何进行访谈、观察、采样以及数据分析，并在解决实际问题的过程中学习到物理学滑轮的知识。

六、研究的特色与创新

（一）学术思想的创新

我国教育的根本任务是立德树人，应立足于立德树人对博雅教育进行具有鲜明时代性的中国化解读。基于此，天府中学开展了创办特色中学的实践，从融合的视角探讨体现国际教育发展趋势的学校课程建设路径，用"双线五维"的要素体系进行课程形态构建。天府中学的上述实践在教育理念与课程理念两个方面具有学术思想层面的创新价值。

（二）学术观点的创新

本研究形成了三个基本的学术观点：一是认为新时代博雅教育应注重时代精神、人文精神、科学精神的完整性，进而培养整全的人；二是认为指向科学世界、生活世界、心灵世界的课程是落实博雅教育，实现整全人培养的主要路径；三是认为融合课程需要通过实践型课程实现"四个统一"，最终形成融合课程的创新。三个学术观点在育人理念与课程理念方面具有一定的创新价值。

（三）研究方法的创新

第一，比较研究法在学校课程建设中的深度采用。本研究采用"认识—比较—鉴别—吸纳—融合—创生"的研究方法，在中小学实践研究中较为系统、深入地运用比较研究法，具体针对教育理念、课程理念、课程形态、课程内容等方面开展了较为全面的比较研究。这在中小学相关研究中具有一定的代表性。

第二，循证研究法在课程实践效果中的实证作用。本研究在课程评价领域采用基于证据、遵循证据的思想，让研究更具科学性。对于中小学开展此类研究中研究方法使用的普遍状况而言，具有一定的代表性和创新性。

七、研究取得的效果

（一）学生全面型、整体性发展

该研究旨在"培养德智体美劳全面发展且具有国际视野的新时代青少年"，实现"全球领导 成己成物"的课程目标。通过几年持续实践，学生表现出既有家国责任感与担当精神，又有开放与创新的现代意识；既具备西方传统的科学精神，又充盈着东方的伦理智慧；既有深厚的家国情怀，又有开阔的国际视野的特征（如表 10 所示）。

表 10　学生发展的实际数据（部分）

美国数学测评 AMC	张佳瑶	全球优秀奖/Honor Roll & 全球荣誉奖/Achievement Roll
	詹悦彤	全球优秀奖/Honor Roll
	王彦臻	全球优秀奖/Honor Roll
	王彦臻	全球优秀奖/Honor Roll
	张旖函	全球优秀奖/Honor Roll
英国数学测评 BMO Round 1	卢佳颖	全球荣誉奖/Distinction
澳大利亚物理测评 ASOP	张知琳	全球三等奖/Credit
英国天文学和天体物理测评 BAAO－Junior	伍希傲	全球金奖/Gold
	杨敏嘉	全球铜奖/Bronze
英国物理测评 JPC	李令玟	全球金奖/Gold
	陈卓然	全球银奖/Silver
	李昕妍	全球铜奖/Bronze
	杨敏嘉	全球铜奖/Bronze
英国物理测评 BPho Round 1	张知琳	全球金奖/Gold
加拿大化学测评（初级）/JCCO	刘劲翔	全国银奖/Silver
	彭宇豪	全国银奖/Silver，全球优秀奖/Merit
	谯雨彤	全国铜奖/Bronze
英国生物测评（中级）/IBO	胡英奇	全球杰出奖/Highly Commended

续表

美国计算机科学思维测评（1~4轮）/ACSL	杨凯文	晋级终选
	詹悦彤	晋级终选

（二）教师研究型、专业化发展

该研究促进了教师对经典教育理论与现代教育理念的深入学习、思考、整合、迁移等，引导教师站在国际视角与时代背景中审视当前的学校育人使命。通过开展比较研究、实践研究，系统提升了教师的研究能力，丰厚了教师的理论积淀，促进了教师的行动创新，实现了教师队伍研究型、专业化发展。

据不完全统计，目前有1节课被评为中国教育部基础教育司部级精品课，共计4篇论文被评为国家级一等奖。在省市区级赛课活动中，我校教师目前获省级一等奖4个；市级一等奖6个，市级二等奖若干；区级特等奖2个，区级一等奖若干。

（三）学校特色化、高水平发展

作为成都市高中高水平办学的典型，天府中学肩负着地方和人民对于实现国际一流水平高中教育的期待。学校以国家课程为根基，实施以"三种精神"为核心价值的新时代博雅教育，通过融合课程创新形态的构建，实现了具有国际水平、中国特色的学校办学目标与追求。过去的三年，天府中学积极探索科学教育教学方式，在课题组的引领下，进行学科内—学科间融合课程尝试，以选修课以及校本课程等形式为载体，尝试为学生提供多维度、全方位成长契机。课题开展的三年，天府中学摸索出了符合学校、学生实际，满足国家长远发展要求，帮助学生全面发展的融合创新教育教学理念和方法。学校的理念以及课程实验初步在广大师生群体以及家长群体间产生了积极影响，助力了天府中学的成长，并为区域内同类型学校提供具有价值的教育实践参考。

八、反思与计划

（一）融合创新课程形态的相关要素进一步有机联系，体现整体性特征

传统意义上的学校课程体系建设，受泰勒原理影响，注重课程目标、内容、方式、评价的系统性与闭合性，然而在新的课程理念下，学校课程从体系

建设到形态构建尚缺乏较为系统的理论研究，尤其是课程体系中相关要素如何真正实现内部的有机协调与相互支撑，仍需要进一步的探索。

（二）把融合性、实践型课程形态全面落实到学校课程实践的各个层面

尽管本研究在融合性、实践型课程层面作了理论与实践的多维探索，然而受制于现有课程体系以及学校办学的实际，融合的程度、实践的深度均存在诸多不足，尤其是具体领域、具体课程、具体课堂中的全面、深入实践尚需进一步落实。

（三）具有国际视野的特色化办学成果进一步发挥引领示范作用

本研究通过对博雅教育进行时代性、校本化解读，将其与融合课程理念相结合，成为建设具有国际水平中学的一种有效尝试。然而，目前办学中仍存在很多现实制约，已有的研究成果尚不足以进行较为全面的推广。如何突破局部性的、静态性的与超情境性的固有局限，将已有的理论成果与实践进行转化，进一步发挥引领示范作用，是学校下一阶段需要进一步摸索的问题。

第二辑
DIERJI

演讲·访谈·对话

办"最中国"的教育：对话陈东永校长

——陈东永校长与《教育导报》记者的对话

对于教育的深究贯通古今，从"仰之弥高，钻之弥坚"的贤能领军，到"桃李不言，下自成蹊"的行之标范；从"新竹高于旧竹枝，全凭老干为扶持"的无言奉献，到"落红不是无情物，化作春泥更护花"的积淀传承。无论在什么年代，教育总是关系到文化传承和更新力量的永恒话题。在信息繁复的今天，总有一批执着于教育事业的深耕者，坚守着大爱的理念，不醉于眼前的荣耀和光环，永远执着于找寻通向更好教育的方向，终身为一代又一代学子的未来眺望和思考。党的二十大后，我们对话天府中学陈东永校长，讨论如何办"最中国"的教育。从执掌百年名校，到创办天府中学，陈校长对于"理想教育"的探究从未停止，在这一问一答中，前瞻的教育智慧与最珍贵的教育传承，在空气中氤氲弥散，生发留存。

一问：您任树德中学校长多年，对"四七九"（"四"指成都石室中学，"七"指成都七中，"九"指成都树德中学）有着非常深切的了解，可否对比一下天府中学和"四七九"这样的传统顶级学校？

陈校长：异同都会有的。相同之处在于它们都拥有很优秀的师资，他们无论在教育境界、师德情操、奉献精神还是专业能力方面都是一流水准。同时，他们为学生提供的质量上乘的课程、"精英级"的教学和丰富多彩活动选择，都能为学生在学术成绩和全面发展上打下很好的基础。

但它们也在一定程度上表现出各自不同的风格，"四七九"的节奏更快，高中的孩子一路走来，多数学生在学术成绩上都是领先级甚至是学霸级人物，这些孩子的日常表现就是特别自律、自觉、刻苦，甚至对情感，诸如喜悦、困惑、烦恼等都较为克制、隐忍，许多孩子甚至课间都很少离开座位。

天府中学可能没有背负传统顶级名校的那么多负担，因而显得自由、欢快得多。在校园里打球、奔跑、嬉戏的场景很多，随时驻足和校长聊天，向校长提问题的孩子也很多。我最喜欢的就是孩子们和老师之间那种亲切、平等、情真意浓的师生关系。孩子们没那么怯场，一个个小女孩、小男孩会常常冲着自己的班主任或者科任老师喊"雄哥""娜姐"，或者直呼"德奇"。我有时看见他们在冲往食堂的路上看见自己喜欢的老师，会停下来拥抱一下再去吃饭。

二问：学校的自由度高了，您会不会担心学生的学习成绩问题？

陈校长：首先，自由是有边界的，没有边界的自由不是真正的自由，而是一种放任，会造成散漫和颓废。这个边界就是作为现代人的文明和教养，就是应有的纪律、规矩和准则，甚至是道德、品格、良知和责任感，这也是天府中学"博雅教育"实践中最重视、最强调的东西，它远比分数重要得多。它可以见于校长的每一次演讲、谈话或交流，见于每周升旗仪式后的校园总结，以及老师和学生之间无处不在的对谈，甚至是每一堂课。对于当下的教育来讲，更值得我们警惕的是，一些家长、教师、学校对学生应有自由的剥夺，且不说在理念上对学生的压制，光是在时空上对学生的高度挤压（过量的补课、刷题、考试、拼分等）就可能对学生的情感和自由心灵，对他们基于核心能力的成长发展，对他们追求、创造幸福生活的愿望和能力伤害极大。

给予学生正当的自由就是尊重学生的人格、尊重学生的身心发展规律，它绝对是有利于调动学生学习积极性的，也会让学生学得更好、活得更好并具有终身的、可持续的发展能力。现在不少学校常常在短期之内就会亮出惊人的分数和成绩，扪心自问，如果没有集中一批数量可观的高分学生，甚至还靠砍掉"尾巴"（成绩拖后的学生），能讲得出科学和规律，能经得起追问和检视，具有珍贵价值、令人敬佩的经验又有多少呢？

当然，也有在题海中通过远超常人的付出获得高分的学生。但我认为对于在这种机制中胜出的孩子的未来要打上一个很大的问号。因为他们的世界曾经被题海长时间淹没，他们对生活、对社会、对世界、对人（包括自我）的那份热情、纯粹、真挚、包容，以及在精神上的果敢和坚毅也可能同时在题海的浸泡中被损伤了，他们的学习、他们的世界不是那么深刻、宽阔、明亮且充满趣味。这样的成长终将被打回原形，甚至是得不偿失，因为他们失去的是作为人的弹性和创造性。

三问：天府中学是如何去达成高质量的教育教学的？

陈校长：教育质量的核心在哪里，我们又是怎么在教育教学质量上下功夫的呢？我们认为首先是师资队伍建设。习近平总书记讲的仁爱之心和扎实学识尤为重要。有了爱，学生才会在充满安全感的环境中平静、专注、持久地学习，在面对困难和压力的时候才会保持内心从容，免于崩溃。同时，有丰厚学识的教师才具有在头脑、在智慧上不断提升学生的能力。天府中学主要从学校文化培育和教师学术发展两方面紧紧着力，久久为功。无论是学校管理制度和教师发展制度设计的导向，教育与哲学的经典阅读，学术性主题的领学、共读、分享与研讨，还是每周持续的教师公开课展示与研究，都是聚焦于此。

同时，我们还持之以恒地引领教师在研究、备课、教学、作业批改评讲纠错、课后辅导答疑交流等常规环节上把功夫下足，落细、落实，把教学质量的建设落实到教学全过程和关键细节上。在学生层面，我们特别看重学生学习习惯和学习规划能力的培养，这是学习者必须习得的习惯和能力。每个学期我们都会给学生一定自主学习的时间，在具体实践过程中去培养学生的这两项能力。在每天的学习过程中，我们下大功夫教会学生怎么通过预习去培养独立学习能力，如何高质量听课，怎样做课堂笔记，课后如何高效复习、反思学习过程，以及如何去解决学习乃至成长中的困惑或困难等。这些学习过程和学习环节看似简单，其实蕴藏着很多细节和学问，做起来也是相当考验耐心和功力的，但我们认为这才是真正的教学作为，远比分个"重点班"要重要得多。这种实践也是真正在追求教学真谛的实践。

我们敢于这样做也是基于我在树德中学27年教师、校长生涯的教育实践，尤其是我任树德中学校长期间注重在文化和学术上着力，在减少作业量、减少高三补课时间、减少考试的情况下，高考成绩还年年创新高，这给了我和天府中学足够的信心和勇气去遵循常识、敬畏规律、捍卫科学、相信未来。

四问：您对学生、家长、教师，以及当下的教育还有什么建议？

陈校长： 当下的教育，一些人经常会有莫名其妙的恐慌，或是故意制造恐慌，甚至早早就害怕多少个行业会在未来消失，怕以后找不到工作。我想对大家说，教育、医疗、金融、制造、管理……你们看，哪一个传统领域不是对优秀的人才依然求贤若渴？甚至还可以说，我们看看我们所在社区的周围，能够把回锅肉、麻婆豆腐、牛肉面这些平凡的餐食做好的餐馆都不多，能够把一件夹克、一双皮鞋做好的厂家也很少，相似的例子还数不胜数。更不要说近年来涌现的许多新兴领域和新兴职业，人才需求量巨大，为市场带来的皆是优质、高薪、体面、有趣、前沿的新工作。比如说影视动漫、游戏开发、综艺娱乐、新演艺团体、科技研发、建筑设计、文化文旅、生态保护、大数据安全、直播销售等等，每年招聘数量在1000万人左右，光是中高级人才需求就在300万～500万人，而全国每年的大学毕业生才800万人，"985""211"毕业学生才50万人。可是，现在的实际情况是，一方面各行各业人才都很稀缺，而另一方面很多著名高校的毕业生都成为"待业青年"，原因在哪里呢？

同学们，真不要害怕找不到好的工作，真不要害怕许多行业会消失。肯定会有一些行业消失，但一定会有大量的新行业涌现出来，因为世界一直都在，人类一直都在，且要继续向前，我们应该害怕和担心的是我们自己实在太平庸。如果多年来的教育让我们成了一个只会刷题和考试的人，一个只擅长在名次和分数上竞争的人，而在教材课本之外没读过几本经典，没有在生活中学会与同学相处，没有为他人和集体曾经做过点什么，没有在教育中润泽心灵、启迪心智、砥砺精神，也没有培养起去吃苦、去闯荡、去探索的勇气，我们就会缺乏匹配这些优质工作的胆识、心灵和德才，哪里还谈得上去迎接和创造美好的未来呢？

重拾教育的慢节奏①

——《中国教育报》专访陈东永校长

在四川教育界，陈东永是一位不得不提的校长，儒雅、专业、务实是大家对他的普遍印象。他的履历简单又不简单：1992 年入职成都树德中学，历任英语教师、教务主任、副校长等，2010 年担任这所百年老校的校长；2019 年，陈东永离开树德中学，担任新创办的成都天府中学校长，一切从零开始。

成都天府中学是四川天府新区成都直管区（以下简称天府新区）的新学校，2020 年开始招生。筹备之初，陈东永就参与其中。他希望在这所学校里，教育能放慢节奏，重拾最优秀的中国教育传统。这是他从教的初心，也是他一直以来的教育追求。

一、一次反问：名校校长不流动，教育何谈公平与均衡？

"总要有人去，也总要有新的人来。" 2019 年 8 月 23 日，是陈东永正式离开树德中学的日子，在给老师们的告别会上，他最后说了这样一句话。

成都树德中学，也就是人们熟知的成都"四七九"（"四"指成都石室中学，"七"指成都七中，"九"指成都树德中学）里面的"九中"，是一所响当当的名校。执掌这所名校近 10 年，似乎已功成名就，为何要离开？"被民办学校高薪挖走了！""要去当行政领导了……"在正式离职前，关于陈东永离开树德中学的原因，坊间已有各种传言，足见他在四川教育圈的"江湖地位"。

在当天的告别演讲上，陈东永揭开了谜底：他仍在体制内，将去天府新区，参与筹办政府新建学校，即天府中学，并担任天府新区中学首席校长。

在天府中学办公室里，与记者的交谈也从这场"风波"开始。

"最初我也是拒绝的，但去新区看了之后，内心很受触动。"陈东永说，最初天府新区向他发出邀请时，他是拒绝的。但天府新区的领导没有放弃，三番两次邀请他去新区看看，有一两次，陈东永泪流满面地离开。

---

① 原文刊登于《中国教育报》2022 年 6 月 1 日第 6 版，有改动。

天府新区2014年才设立，面临着教育供给不足和优质资源缺乏的双重难题。陈东永的内心被触动：总该有这份责任和担当吧。如果名校校长都不愿意流动，那教育的公平和均衡，怎么实现？这是陈东永当时不断问自己的问题也是他说服自己的一个理由，责任使然。

而另一个原因，是藏在他内心深处最真实的原因。

"四七九"三所学校，是成都市直属学校，陈东永离任时，是三所学校中最年轻却任期最长的校长。从干部任用的要求来说，他即将面临两种可能：在"四七九"这三所学校中轮岗任职，或者去教育行政部门工作。

而这两种工作，都不是他的理想。

"我是做老师的，是在学校做专业教育的，行政部门不适合我；在三所学校中轮岗，和一直待在九中的区别不大。"在陈东永看来，无论是遵守干部任用规则还是传承教育事业，都不能忽略对人的培养，他离开，下面的干部才有成长的机会，才有人不断地去传承这份事业。

而在现实里，很多人其实很难割舍掉这种名校光环。"如果没有了名校支撑，我能不能办好一所学校？"陈东永说，离开树德中学，创办天府中学，在一定程度上，就像一次验证，也是一种可能性的探讨：名校校长，可以流动，也应该流动起来。

二、一种坚守：教育要有科学性、人文性和艺术性

陈东永是从一线教师成长起来的。一直以来，他都追求一种理想的教育：兼具科学性、人文性和艺术性。

1992年，陈东永从万县高等师范专科学校毕业，来成都找工作，"那会儿省会城市都没到过，根本不知道树德中学就是名声在外的九中。"在专场招聘会上，陈东永看见树德中学位于宁夏街，以为是所普通的民族中学，就上前应聘。

事后他才知道，学校预录用的一位新教师临时退出，学校急需一位英语教师，而陈东永刚好英语专业毕业，且专科阶段成绩优秀，于是幸运地成了替补，成为那次招聘中仅有的两名专科生之一，而后树德中学的历史上再也没招收过专科学历的教师。

"这么高的平台我能教好吗？"为了做好准备，陈东永整个假期都没回家，做练习题、听英语听力，恶补高中英语知识体系。

这份努力贯穿他整个从教生涯。陈东永很少在晚上11点前休息，扎实的准备让他上课不看教材也能娓娓道来；学生考完试，陈东永当天就会把所有试

卷批改完，那会儿还没有电脑，他拿着直尺绘图进行考情分析……这样的节奏持续了15年以上，陈东永所带的历届班级英语成绩都稳居全市前列。

"几分钟能讲清楚的问题，就不要耽误几十分钟。"陈东永认为，教师多做一些努力，学生自然效率更高。后来他常常跟年轻教师分享自己的这段经历，"人生当然也有运气的成分，但努力和个人追求，真的能改变很多东西"。

走上行政岗位后，陈东永对自己理想教育的追求仍未减弱。2010年，当上树德中学校长，他在学校出台的第一个文件就是要求减轻学生课业负担，减少补课时间、砍掉年级月考、重视生涯规划。

另外，他很看重阅读，每年至少读50本书。他说："有些变化外界看不到，但自己能明显感受到，处理问题时思路更快、视野更宽阔。"

在天府中学，无论是班主任工作研讨例会，还是课程教学工作研讨例会，都有学术主题学习的环节。学校为教师制订了"三年阅读计划"，涉及教育、历史、哲学、心理学等方面。"不只是教学水平，我相信老师们的专业见解、教育境界、人格境界都能在这个过程中得到提升"，陈东永说。

"教育追求的不只是简单的分数与名次，好学校的衡量标准也并不局限于考多少清华、北大。"陈东永希望追问的是，学生考上名校之后，是否有持续的动力继续发展，是否有足够的创造力为社会添砖加瓦？如果想得到肯定的答案，需要教育人坚守教育真心。

三、一个答案：理想的教育，可以真实发生

"自今日·至未来"是天府中学的校训。

"天府中学，将整个心灵献给孩子，陪伴孩子在理想的教育环境中成长，让孩子在成长中触摸理想，承接未来。"这是陈东永对校训的解读，寄托的是他对理想教育的希冀。

这样的理想，如何去达成？

在天府中学的校园里，陈东永几乎每天走一两万步。他出现在操场、楼道、课堂、食堂里，出现在每一个有学生的角落。

陈东永和学生形成了默契：随时随地都可以向校长提问题。这让他收获了不少信任，学生也像对待朋友一样跟他交流。在他看来，一个好校长，必须真正参与到学生成长、教师发展的过程中去，"与师生建立一种真诚、亲密、温暖、有力的教育关系，更能促进他们的成长与发展"。

小石（化名）初一刚入学时，集体跑步总是在最后，而且情绪容易失控。一次晚自习，陈东永看见小石在教师办公室哭，正准备过去问问情况，却被小

石吼道："校长，你不要管！你管不了！"

针对小石的情况，陈东永多次提醒教师们，给予足够的包容与耐心，让他在诚挚有爱的环境里慢慢变好。果然，到了初一下学期，经过教师们的鼓励与引导，小石变得积极、阳光，陈东永在食堂遇见他就问："你现在怎么跑步跑得这么快了呢？"

有了信任，小石坦白了自己的心思，原来是有了喜欢的女生，想要表现得更好，"但陈校你不要多想，就只是喜欢，没别的什么"。

那一刻，陈东永知道，他和小石真正的教育关系建立起来了。

如果说校园里的每个个体是一个点，那么陈东永则努力地将所有点串联起来，由点到线再连成面，从而形成让每个师生都可以自由呼吸、向上生长的生态系统。"哪怕有一天孩子忘记了在这里学过的知识，他也不会忘记生动、温暖的学习过程"，陈东永如是说。

如今，天府中学有了初一、初二两个年级，2022年，高中部也即将招生。但陈东永一直让教师们坚持慢节奏，上课讲懂、讲透，不要贪多、求快。每学期留够自主学习的时间，让新课吃力的孩子能补一补，学懂弄通的学生也能去课外更大的天地探索。

"我们不是不讲成绩，而是讲如何取得成绩"，面对部分家长的焦虑情绪，陈东永"对症下药"，"只要学生的积极性得到充分调动，教师水准得到有效提高，教育过程有科学含量，怎么会没有成绩呢？"

偶尔，也有同行问陈东永：你是名校长，招的都是优秀教师，学校硬件也好，我们没有这些条件的学校怎么办呢？"对学生好，爱学生又需要什么条件呢？"陈东永还支招说，"教师多做一些功课，提升教学的精准性，让学生真正地参与到学习中来，自然能把学生教好"。

"我们愿意以最深的虔诚和热血，从生命关怀出发，去缔造教育最美的当下，去塑造和发展每一个孩子最好的未来。"采访结束时，初夏的阳光正透过百叶窗洒落在办公室内，学生们在操场嬉戏，快乐的笑声也同时传来。陈东永望向窗外，感受着这一切，仿佛有一种东西在悄然抵达。

自今日·至未来

——2020年9月新生入学典礼演讲

亲爱的同学们：

欢迎你们成为成都天府中学的第一批学子！你们也是天府中学永远的学长，光荣与责任都在你们的肩上！

告别小学、走向初中的同学们，你们将会迎来人生求学阶段最深情、最难忘的三年，因为这段时光的"两小无猜"和纯真友谊，这三年也必将是你们一生中情感和精神世界中最宝贵、最值得珍惜的部分，好好把握它、拥有它；走向高中的同学们，你们将步入一个更广阔的学习成长世界，去探索、发现自我，你们的人生志趣会在这个阶段萌芽生长，你们的未来将从今天开始奠基。

在和你们第一次面对面交流之际，我想有三个愿望要送给你们：

愿每位同学拥有健康的身心——拥有走向未来的最大资本。

天府中学的校训"自今日·至未来"，从你们进入校门的第一刻起，就会映入你们的眼帘。没有健康的身心哪有洋溢生命光彩的今日，又何以走向未来？

我们会一起重视体育锻炼，让运动成为终身习惯。体育运动不仅可以强身健体，塑造人的精神气质，还可以舒展身心，释放学习压力。尽情挥洒热情和汗水的运动是青少年时期最美好的记忆，也是生命和青春里最深的回响。往长远看，没有健康的体魄，难以完成具有长期性、持续性、挑战性的学习和工作，也难以在学习工作中表现出充足的思考力和创造性。

我们会一起重视音乐艺术、劳动教育对人的训练和陶冶。它们在人的自由心灵、精神意志、丰盈情感、完整人格的涵育中具有超乎寻常的意义和价值。

所以，我不希望看到任何一位同学在每天的运动三十分和体育课时间是待在教室的，我也不希望每周星期五下午放学，你们的书包和行李箱是在家长的肩上和手里。在生活里独立自主又乐于助人的同学会拿到天府中学的荣誉毕业证书。

我希望看到你们在运动场、体育馆、劳动场景中的汗水和笑脸，看到你们在音乐艺术课堂上的专注和陶醉，看到你们在生活里的得心应手和独立顽强。

愿每位同学拥有美丽心灵和优秀品格——获得幸福的最强能力。

我希望同学们首先是一个有礼貌、有教养的人。昨天到今天，我在校园里看到许多孩子都热情洋溢地同老师、同学打招呼，这样的孩子以后一定会是受欢迎的、有幸福能力的人，当然我也看到了无神的双眼、茫然的表情，我好奇这背后的原因。

昨天晚餐和今天早餐时间，同学们都排队取餐，文明有序，许多同学都会收拾桌面、整理座椅，但我也还是看到有孩子扬长而去。优秀的品格其实就从见面给每位长辈、老师、同学打招呼开始，从得到帮助后的一声"谢谢"、一个鞠躬开始，从打扰别人、给他人带来不便后的一声"对不起"开始。在日常生活中，在往后的人生旅程，这样品格会让你们受益无穷。

我更希望同学们是一个善良的人。哲人说：善良的人几乎优于伟大的人。首先做到绝不欺凌他人，从不占有他人财物做起，这是天府中学道德教育的底线。从关心行动不便或者生病的同学开始；从帮助学习有困难的同学解答一个问题开始；从向那些需要帮助的人表达善意和同情，伸出援助的双手开始；从共同去建设一个温馨融洽的公寓寝室和班集体开始。

我希望同学们彼此团结，收获友谊。哈佛大学的有关研究表明：美好人生从良好的人际关系开始。所以，在互联网几乎笼罩我们生活的时代，我们更要关注人和人之间真实动人的交往和互动，因为信任、忠诚、互助、接纳这些社交技巧只有在与同伴的真实交往中才能习得；同时，连接他人、连接社会是人性最基本的需求，心理需求得到满足才会心理健康。我们的种种特长，诸如跑得快、对音乐敏感等，都是在与同伴的比较中确定的，探索和发现自我永远无法在孤独封闭中实现。在充满友爱、氛围和谐、相互信任的环境中学习生活，才会更积极、更向上，才会不断进步。

愿每位同学勇于迎接挑战——认识发展自我的最佳途径。

第一个挑战就是对初高中学习生活的适应。学科数量增加、学习难度增加、学习方式发生重大转变，大家要有心理准备。这种心理准备不是压力，不是担忧，更不是胆怯和害怕，而应该是一种期盼和喜悦。因为你们长大了，有能力去掌控一个更大的局面，有一个更广阔的世界在等你，你总可以在某个或几个领域里找到自己的所爱、所长，你可以在更高级的层面去挑战一下自我，何况还有优秀的老师，有校长、有同学在你们的身侧，要对自己充满信心。

第二个挑战是对天府中学学习生活的适应。早上的预备学习需要你们的自觉自律，中午的思辨艺术微课需要你们的活跃思维，博雅选修课程、学术课程、艺术体育课程、社团课程等需要你们学会选择。我们不培养只读书的人，我们不培养自私的人，我们要培养敢于发问、能够提出问题的人。如果一年下来，你还没向我提出一个问题，那在这项挑战上你是失败的。我们要培养有爱的意识和能力、有同情心的人，我们要培养无论何时、无论何地都对未来充满信心的人……

目前在成绩和分数上领先的孩子，不要总是生活在他人的期待里，不要把分数和名次看得比什么都重要，不要朝着精致的利己主义者方向发展。我期待你们学会去关心、欣赏和包容他人，要追求学习的广阔性，要有自己的兴趣和真正热爱的东西，不然以后真的会迷失自己。更不要去迷恋"学霸"这个称号，这个称呼很可怕，你是个"霸"，其他人都会和你保持距离，万一未来又"霸"不了了怎么办，这些都是不必要关注的问题。天府中学不会拿奖金去刺激你们拼分数、拼名次，名次、分数本身就是一种学术上的荣耀，你们自己是有成就感的，但是我们如果去强化它，结果就会向完全相反的方向走，不仅会带来价值观上的问题，更会带给你们很大的压力，会束缚、会伤害你们的心灵。

目前成绩暂时落后的孩子要深信：暂时的落后并不代表永远的落后，有不少在分数和名次上逆袭的故事。而且考试分数上的落后，并不意味着在成长和发展上落后。著名政治家丘吉尔、大发明家爱迪生都曾是"差生"，其实我也是。我高一第一次数学考试只得了 35 分，班级倒数第一。你们每一个人都肯定能超过我，如果考试低于 35 分的，我们可以好好交流一下，分享感受。成绩的落后不可怕，在做人上落后才是最可怕的。同时，还有比分数、比名次更高级、更高贵、更有价值和意义的东西，那就是思想、心灵，是性格、习惯，是文明，是教养，是德性和品格，以及在课本之外你们最感兴趣，甚至是迷恋的那些东西，文学、历史、阅读、电影、音乐、艺术……可能这些才与你们的人生、你们的命运连接更多，所以，你们要在这些最爱的领域自由探索，从中看到自己存在的价值和发展的可能性，积累继续前进的信心和勇气。在学习上，你们首先要尽可能把力所能及的那些事情做到最好，不要去追求那些力不能及的事情和目标。然后，做好关于自身学习的具体分析，找到超越自我的办法。在这个功利的教育世界里，成绩上暂时落后的孩子独守一隅，可能还要抵御异样的眼光，由此反而养成了强大的内心，在往后的人生路上以此去抵御风雨，走向最亮的光明。在我的记忆里，成绩暂时落后的孩子，只要他永远保持正直、乐观、积极、上进，精神上永不放弃，几乎都取得了难以想象的成功。

而目前成绩正常的中等生同学，我真心羡慕你们，在教育如此紧张的时代里，压力都被两端的人分担了很多，你们更有可能去追寻自己喜欢的事物，你们的心灵可能相对自由，自由心灵是一个人具有创造力的前提，好好享受中等生这个位置和角色吧，你们大有可为。在学习上，你们只要把基础学得扎实，不一味去追求难度，你们最后的收获将会非常可观。

同学们，我是你们的校长，但我更愿意是你们的朋友，一个绝对值得信赖和依靠的朋友！我愿意倾听你们的苦闷、纠结和烦恼，分享你们的喜悦和成就。天府中学的每一个孩子要勇敢，不要胆怯，我和老师们站在你们身后，做你们坚强的后盾。

我们追求的是培养有血有肉的人，而非僵化的、终会凋零的分数。

我们想把你们的勇气、自信心、学习动力和学习兴趣最大限度地激发出来，把最好的人际关系和学习氛围建设出来，把最好的教育艺术和教学方法展现出来，由此，成就最好的你们！

你们今天享有最好的教育资源、一流的学习生活环境和条件，一流的教师在引领你们学习、成长，心里一定要始终装着这个问题：明天，我要为这个世界做点什么，来回报我少年时期所拥有的一切？这对你们未来成为一个更好的个人帮助巨大！

谢谢同学们！

希望你们在天府中学的每一天都是顺利的、快乐的，希望你们每天都在进步！

春天开启的飞翔

——2021 年 3 月开学典礼演讲

老师们、同学们：

大家好！

新年的余味在风中散去，我们开始跟随初春的脚步，去迎接和拥抱新的学期。

老师们，尽管天府中学刚刚走过半年的时光，仅仅是个牙牙学语的孩子，但是，她和你们的友谊跨越了 2019、2020、2021 年三个年头。在这条并不悠长的时光线上，留下的是温暖、美好而难忘的记忆：是在数千简历中看到你们那一份时的欣喜，是对你们首次教学展示的赞叹，还有和你们真挚而动人的教育对谈。我们在校园里一起走过 160 多个日子，每一个夜晚的灯光、教师办公室里的自由沙龙、无数充满启迪和趣味的课堂、图书馆里的学科及跨学科研究、学术厅中一起聆听的专家讲座和你们呈现的数十节公开课、湖溪教师书院半月一次的学术研讨……一切都还历历在目。

正是这一切，塑造和滋养着天府中学的文化精神和教育心灵，那是爱的情怀、学术的追求，以及纯粹、沉静、专注而执着的内心。以此，我们去接纳并拥抱每一个孩子，我们痴迷于这份工作的专业性和高尚感，以及在任何困难和挑战面前，我们永远不变的坚定意志和勇往直前！老师们，我们要继续这样走下去，这才是真正的教育应该有的模样，也才能够让孩子们走向真正的未来。

同学们，去年 8 月，天府中学敞开怀抱迎接你们的到来。在新生文艺晚会上，你们用舞姿和歌唱表达和天府中学开启于夏日的深情；在初秋的阳光下，你们奔跑在蓝色跑道、绿色草坪，拥抱第一个体育运动节；在微微细雨中，踏上首届未来科学节的考察、体验之旅；深秋的户外美术课，你们在未来大道的草坪上用金黄的银杏叶摆出"自今日·至未来"的校训；在寒冷的冬日，世界文化节的经典阅读、全科冲浪、文化风情展示、新年文艺汇演，还有初一（3）班小雷同学领衔的几十位同学的书画展，如同寒夜的炉火，灿烂而热烈。我还记得思辨艺术微课你们的第一次登台演讲，有点胆怯，有点羞涩，但看看你们现在的样子，侃侃而谈，自信多了，流畅多了；我还记得你们聆听巴赫、贝多芬、海顿、柴可夫斯基、莫扎特的作品时，以及绘画日专注和投入的样子；还有博雅选修课，你们自己创建的社团、校团委、学生会、少先队、校媒中心等学生组织，你们在体育馆的招募、在艺术楼四楼长桌会议室的热烈讨论，你们的每一次积极参与，可能都还在你们的内心涌动和沸腾……我在想，两三年或者五六年后，当你们离开天府中学时，你们一定会向这段旅程投去感激的目光，这样的经历和积累会让你们未来的人生闪耀非比寻常的光芒。

现在，你们即将迎来在天府中学的第一个春天，在新的学期，我和老师们继续表达对你们成长的期望。

一、把修炼"做人"放在第一位

做人的教育是中国教育最宝贵的传统，也是最值得传承的教育价值之一。但非常遗憾，在今天的家庭教育和学校教育中，做人教育在很大程度上已经让位于分数、名次和升学率，变得十分脆弱了，也使得我们的教育缺乏生动的情感，影响着每一个孩子今天和未来的幸福，也极大地阻碍着孩子们成长为真正优秀的人。让我们重拾文明、教养和道德的教育吧：养成良好的个人卫生习惯既是尊重自己，也是尊重他人；爱护公物和校园环境是良好公共素养的起点；与同学、老师、长辈见面问好，热爱集体，尊重身边的每一个人，团结同学、乐于助人，是养成真诚、善良这些高贵品质的开始。中学阶段是塑造一个人的个性、情感、价值观和人格品质的重要时期，而初一又是关键的起点。不好的习惯和思想如果没有得到及时纠正，就会在一个人道德品质形成的过程中形成大缺口，错失这个阶段的陶冶和培养，在以后的人生里就会很难弥补。

二、要继续提问题

保持向同学、向老师、向校长提问的习惯。所提出的问题不局限于你们个人的成长，也关乎如何建设一个更好的班集体和学校，不仅涉及学习，还应该触及生活，触及对社会和世界的探索。天府中学的每一个孩子，无论是现在还是将来，无论经历怎样的困难，身处怎样的环境，既要把自信、阳光、乐观、开朗、勇敢深藏内心，也要写在脸上，它会赋予你们不一般的勇气和力量。提问，就是对这些气质、品质和素养的训练，也是表达、沟通、交流能力的训练，更是思考力的训练，这些品质对于你们的成长、发展、成人十分重要。

三、不断提高自己的学习力

一个学期过去了，你们应当完成了对新阶段学习生活的适应。从这个学期开始，你们在学习上要有不断超越自己的具体计划。第一，整体规划各学科课外时间的学习。在高质量完成课堂及其相关学习任务的前提下，根据自己学习的整体状况，可以按照每天、一周、半月、整月、半期等时间节点，分学科，从时间分配、内容安排（针对自己学习水平的预习、复习、训练等）、目标达成、进度与效率、方法与策略等方面精准规划，让自己的学习过程条理清晰、结构合理、方向明确，且具有相当效率。第二，学习上还要有坚持、坚韧精神。无论课堂内外，要保持更长时间的专注，要有更持久的毅力，要勇于去接受挑战、面对困难，不要在挑战和困难面前妥协，只要肯动脑筋、意志顽强、不断努力，任何困难都可克服，这是超越自我、取得进步的第一步。第三，要不断优化和积累适合自身的学习方法。要适度预习，以此训练自主学习的能力，提高自己的思维起点；重视听课技巧和课堂效率，首先听懂、想通，快速勾画和记录重点、关键和不懂的地方；课后及时整理笔记，这也是及时复习的最佳时段和最佳方式；不懂之处首先学会独立思考，确有难解之处，及时和同学讨论，向老师请教；完成作业不要拖拉，学会先易后难，作业和试卷中的错误要及时纠正，并汇集成错题本，这也是以后复习的重要素材；同时，每学习一段时间后，你们要根据自己的学习、作业、检测等状况，利用周末时间，认认真真地总结、分析和反思，从而优化下一个阶段的学习策略和学习状态，追求更好的学习效果。如果能坚持这些好的习惯和方法，你们的进步不仅是必然的，而且会非常明显！

最后，希望你们在认真、潜心学习的同时，也积极参加校内外的各类活动，去舒展身心、发现自我、全面发展。祝老师们、同学们学习、工作、生活都愉快！祝同学们不断进步！

理想的基石：做一个善良且有头脑的人

——2021年9月开学典礼讲话

陈东永校长在开学典礼上致辞

老师们、同学们：

大家好！

非常高兴我们又回到这个熟悉、亲切、美丽的校园。新的学年，于天府中学、于同学们又有了很大的不同，你们又长大了一岁，有能力在知识、思想和精神上去追求更高目标。这个校园也更为不同了，增加了两百多名小学一年级的小朋友，以及两百多名初中一年级的孩子，高中三个年级也已成形。所以，在这个年龄层次如此丰富的校园里，光是你们如何相处就成了一门学问：一门交往的学问，一门关乎成长和走向未来的学问。我就从这里开始谈起吧。

一、做一个善良的人，成就自己，成全他人

我们首先要深知善良的品质对于人生和世界的意义。哲人说，对别人所有的善意，其实都是对自己的成全。当我们心怀善意，摒弃小我，我们就可以凭借利他精神，通过奉献他人来追寻自我的幸福。有数据调查证明，95%的长寿者，都有乐于助人的宝贵品质。心理学研究也证明，勇于帮助他人是成功者的

必备品质。养成善良的品质首先从爱家人、爱老师做起，从和同学、和室友和谐相处做起，从善待我们身边的人，尤其是那些弱势人员做起。在一个充满善意的学校环境中，你们才能够从优秀的学长那里学到成长的经验，也将会在关爱、礼让低年级的弟弟妹妹的过程中体会成为榜样的喜悦，帮助他人将会在很大程度上促进你们的自我成长。

二、做一个有头脑的人，方能进入新境界，开拓新未来

做一个有头脑的人，首先要有强烈的学习求知欲。注意，是学习求知欲，不是"刷题欲"，两者有云泥之别。"刷题"造就的是一个个"小镇做题家"，是一个个短期的得分机器，难成大器，也难成幸福之人。

我们深知，这份求知欲背后应当隐藏着一份令人敬仰或者感佩的动机，在这个话题上有着许多世界级的榜样或者平凡而动人的故事。比如"为中华之崛起而读书"、为国家命运鞠躬尽瘁、为国人永远敬仰的共和国总理周恩来，比如梦想"禾下可乘凉"、毕生致力于解决中国和世界"吃饭问题"的"杂交水稻之父"袁隆平院士，比如发现治疗疟疾的青蒿素的中国科学家、诺贝尔奖获得者屠呦呦，还有发明牛痘接种、为困扰人类的天花找到解决方案的英国乡村医生琴纳……人类命运的扭转或者欣欣向荣，国家和时代的奔腾发展都极度需要这样的杰出人才。同学们，我们想一想，如果在他们的青少年时代，没有那份远大理想的萌芽，就难有那份深沉而坚定的学习动机，就不会形成他们人格中的胸怀天下、抵御艰难困苦的坚韧顽强，以及求索路上初心不改、始终如一，也不会成就他们的未来和这个世界。同学们，在你们中间，我渴望，我期待，二十年、三十年、四十年、五十年后有人会成为他们这样的人，中国、世界都为你们骄傲！

当然，我们中的多数人都将是这个世界中的芸芸众生，但我们的活法也将影响家庭、团队、社区、城市乃至这个国家。如果你想成为一个眼光长远的爸爸或者妈妈，真正去爱孩子这个人，而不是爱他的分数或名次；如果你想成为一个在文化修养和专业精神上具有魅力的人民教师，得到学生的爱戴、敬仰和追随，甚至影响他们的一生；如果你想成为一个坚守岗位、有责任良知和奉献精神的医者；或者就是一个无论在任何环境和条件下都保持镇静、乐观、豁达的人……你们首先都必须刻苦学习，努力成为一个有头脑的人。只有如此，你们才会成为一个有思考力的人，一个有格局和远见的人，一个能够凭借自己的努力去追寻美好生活、创造自我价值的人。

三、走好当下的每一天，就能积累走向未来的资本

当我们明白了学习、成长的很多道理，我们就必须立即投入行动。少一些慵懒拖延，少一些徘徊顾虑，多一分果敢、坚信和坚韧，从每一天、每一节课、每一次活动开始，认认真真、脚踏实地、一丝不苟，不问收获、只问耕耘才是不断进步、超越自我的最佳策略。好好吃饭，好好运动锻炼，身体才是行走世界的本钱；好好与同学、与老师相处，才有好心情，没有好心情，就难以保持乐观开朗和积极进取的心态；好好听课，好好完成作业，开动脑筋和认真细致同等重要，问自己和相信问老师、问同学同等重要，相信自己和学习榜样同等重要，埋头学习和总结反思同等重要，不要把成绩提高寄托在补课上，训练自己的头脑、提高自主学习能力才是你们大幅度提升自我的关键……

同学们，新的学年、新的学习成长阶段，希望你们对自己也有一份新的信任和期望！我，还有我们所有的老师，既是深情注视着你们勇敢奔跑的人，也会是经常在你们身旁倾听的人、随时和你们促膝长谈的人，也会是在某些时候牵你们的手，一起追逐风、阳光和蓝天的人！不要担心，没有害怕，我们永远都会在你们最需要的时候出现！

让我们一起勇敢出发！谢谢大家！

用心灵开启新旅程

——2021 年 9 月新生入学典礼讲话

老师们、同学们：

大家好！

首先，我代表全校教职员工和所有学长，向全体新同学表示最诚挚的欢迎，欢迎你们加入天府中学这个真诚、温暖、友好的大家庭。来到这个崭新的环境，请你们放下所有的忐忑和不安，你们将在充满爱、尊重、引领和鼓舞的校园文化氛围中去成就和迎接更好的自己。你们是天府中学的第二届学子，但和我们一样，依然是天府中学美好未来的开拓者和创造者。在"自今日·至未来"的校训面前，我和所有老师都向你们承诺：为了你们的现在和未来，和你们一起走过的每一天，我们在精神、情感、智慧和力量上都将毫无保留！在天府中学"博雅教育"的版图中，我们始终把做人的教育、把道德教育和品格教育置于最重要的位置，而中学阶段正是发展这些品质最重要、最关键的时期，如果在这个阶段错过恰当的正向教化和引领，就会在极大程度上影响你们的成人成才，甚至是未来人生的幸福，所以今天我和你们的交流就从这个角度开始。

一、用心灵去建设一个充满善意的世界

人类在塑造着这个世界，这个世界也在塑造着人类。我们用善意去塑造这个世界，这个世界也会用善意来滋养我们。善意就是这个世界在精神层面的空气，它会带给人友好、安全、自由、喜悦和鼓舞，赋予自己和他人乐观、振作和奋进的力量。与此同时，它也让我们每一个人在心灵层面成为一个更好的人。如果我们是一个善良的人，我们更容易获得成功和幸福的青睐。

年幼的你们，保持对他人的善意，就从抬头走路，见人打招呼做起，不管是老师、同学还是做校园服务的叔叔阿姨，不管是熟悉的还是陌生的，不管是在校园里或是校园外。这也是一年来，天府中学的同学们、你们的学长最值得赞赏的精神风貌之一。在天府中学，任何时候，当你们遇到任何烦恼和困难，

除了老师，你们还可以从校长那里得到想要的帮助或是一起交流、思考、探索解决问题的办法。所以，来到天府中学，没有什么能够难倒你们，你们没有任何借口不抬起头，轻松、自然、自信地行走，面带笑意地与每一个人打招呼。善意是一个人文明和教养的高级表现，同时也在塑造我们乐观、勇敢、豁达的生活姿态。

在集体生活和人际交往中，你们要学会真诚相待，友好相处。任何人都无法孤立存在，必须在群体、集体和社会中生活，这就意味着我们要与不同的人打交道，因此就必须学会和谐共存，学会悦纳差异。首先，要训练与人沟通的意识和能力，或去共同追求美好的事物，或去化解不快、误会和矛盾，努力达成共识；还要学会包容和宽容，不让自己变得狭隘和尖刻，也让别人有变得更好的时间和机会；要杜绝冷漠，学会向有困难的同学伸出援助的双手，不断拓宽你们的心怀和胸襟，这会让你们时时有价值感。如果长期以来，你们都是这样在与人交往、为人处世，你们自己的内心就会充满阳光，就会时刻被自豪感和幸福感包围，因为在这样的过程中你们的心灵会变得越来越宽厚、坚韧和美丽，不仅周围的同学、老师都喜欢你们，你们从内心里面也会更加认可和喜欢自己。

善意不仅仅表现在对人，还表现在对物、对环境的态度。要珍惜粮食，不浪费食品；要爱护环境，维护学习生活环境的洁净美观，不乱扔矿泉水瓶、牛奶盒、食品包装袋等，不随意穿行、践踏草坪；使用的篮球、足球、乒乓球等体育器材及时归位，杜绝乱扔乱丢；未经他人允许，不得动用甚至占有他人物品；等等。我们要深知，在这些物质和环境的背后，是多少人在烈日下、在寒风里付出的辛劳和流下的汗水；还要知道，我们如果毁坏、侵占公共物品和环境，就相当于我们侵犯了多少人正当的权利！

二、学会自立，你会发现你比自己想象的要强大得多

学会自主、自立就是在生活中成为一个挺立的人，在你们的中学阶段主要表现为学会独立生活、学会交往、学会学习。

第一，学会独立生活。学会独立生活是在锻炼你们生活、生存的能力，也是在塑造你们在这个世界上行走的自信和勇气。寄宿制学校就为你们提供了非常好的机会。按时用餐，不偏食，注重营养搭配，让自己成为一个健康的人，没有健康，一切都无从谈起；养成良好的卫生习惯，每天洗头洗澡，勤换勤洗自己的衣物，这既关乎个人形象和自我感觉，也是尊重他人、珍爱自己的表现；随时规整个人物品，保持整洁有序的学习生活环境，让自己的生活有条不

素、富有效率。

第二，学会交往。人与人交往的过程，是塑造和检验你们的个性、人格和品格的过程，也是促进你们非智力因素、社会性情感能力发展的过程。这个问题在前面有所涉及，我只稍作拓展和强调。尤其是成绩好的同学，我要提醒你们，一定不要以为成绩好就可以代替一切、成绩好未来就一定一片光明。许多人一二十年埋头读书，而不注重在人格、情感、德性上塑造自己，等他们真正步入职场、社会，才发现自己格格不入、困难重重、非常挫败！真实、坦诚、信任、妥协、奉献这些宝贵的人格品质，以及情绪调节、沟通协作、开放包容等非智力素养和社会性情感能力都是在人与人交往的过程中塑造和发展的。这可能比分数、名次重要很多。

第三，学会学习。首先就是要靠自己解决学习中遇到的问题。就当下而言，被动学习在很多学生身上是经常发生的现象，甚至很多孩子的童年和少年，都是在补习班和培训学校"泡大的"。在国家"双减"政策出台的今天，很多家长手足无措，甚至十分惶恐。在他们的潜意识里，学生的成绩进步必须靠"补起来"。这里面存在一个最基本的误区，那就是完全忽视人的主观能动性和创造性。同学们，当你们积极主动去开发自己的潜能时，你会发现，你远比你自己想象的要强大得多。在每一个学习阶段，你们都应该有深刻的反思精神，从学习动机、学习自信、学习态度、学习习惯、学习计划、学习方法等维度，针对预习、听课、作业、提问、纠错、总结反思等学习过程和环节不断追问自己：我真的在每一个方面都全力以赴去做了吗？我到底做得怎么样？做得好或者不好的原因是什么？我在行动上应该如何去改进和优化？倘若你们一直是这样在学习，就一定能够不断超越自己并取得巨大进步。尤其是那些成绩暂时落后的同学，很多时候，不是因为你们真的不行，而是你们真的相信并认为自己不行，所以放弃了对自己的信任，放弃了反思的勇气和采取行动改进的决心，而完全依赖于被动补课，学习情况自然就越来越不理想。每一个不够自信的同学请听我说，那不是真正的你们。真正的你们是不管你们目前好还是不够好，都放弃对他人的膜拜，放弃妄自菲薄，保持对自己的信心，紧跟老师的步伐，从过程和细节入手，塑造一个更好的自己。

在所有的学习习惯中，我尤其强调的是要学会提问题，这很重要。发现问题，思考问题，才能提出问题。学问之中，问比学重要得多。学习中的问题要问，生活中的问题也要问；不懂的要问，好奇的要问，质疑的也要问；既问自己，也问同学、问老师。问能驱动大脑的深层思考，也是促进我们思维不断进阶的密码。

三、在艺术、体育、劳动和社会性学习中实现全面发展

你们首先要掌握一些关于大脑、艺术、体育、劳动、社会性学习等的基本知识和科学常识，才会真心实意、持之以恒投入行动，才会自觉追求你们自由、全面的发展。比如，人的左脑主管逻辑、语言、数学、文字、推理、分析，被称为抽象脑，又称学术脑；人的右脑主管图形、音乐、韵律、情感、想象、创意，被称为艺术脑，又称创造脑。左右脑必须协调发展，过度训练某一部分必然会造成失衡。又比如，运动可增加人们体内的血清素、去甲肾上腺素和多巴胺的水平，这些都是传递思维和情感的重要神经递质，抑郁症就与血清素缺乏有关。运动、劳动能释放一连串影响神经系统的化学物质和生长因子，而这些物质能扭转血清素的缺乏，维护大脑的基本结构，从根本上增强大脑的功能。从生物学层面来讲，肌肉运动产生的蛋白质经血液输送到大脑，这些蛋白质在我们最神奇的思维机制中发挥着关键作用。

所以，同学们下课了不要总待在教室里，抓紧时间跑出教室活动活动能够提高你下一节课的学习效率。如果下一节是体育课，你们要赶快向体育场飞奔，且要运动个汗流浃背，浑身通透。对音乐课、美术课要有一种期盼并专注地参与。轮到你在寝室、教室做清洁卫生或是轮到你去校园农场松土、施肥、修枝，一定不要敷衍了事。回到家要主动做点家务，洗碗、拖地、整理物品……所有这些，不仅仅是在塑造你们的健康体魄和意志毅力，培养你们的劳动意识和自主生活能力，也是在塑造你们的大脑，使你们的身心协调、和谐和平衡发展。一定要记住，在这些问题上经常偷懒就是在伤害你们的身体、大脑和心灵。

前面讲过的交往是社会性学习，校内外实践活动也是社会性学习。社会性学习是促进人和谐全面发展的重要路径。所以，要加入一两个校园社团，要坚持做校内外志愿者服务，要重视每周学校博雅选修课程对自己的培养，要积极参与学校一年一度的体育运动节、未来科学节、世界文化节、社团活动节、戏剧艺术节。你们会发现，参考这些活动，你们可以学到在课堂内、在书本上学不到的很多东西，你们会在这样的过程中不断发现和塑造全新的自己。

同学们，你们在新的成长阶段，要勇敢去面对具有挑战性的学习生活。你们在逐渐长大，倘若付出努力，我相信你们一定有能力去赢得挑战。同时，天府中学永远都不会忘却对教育的承诺、对你们的关怀。你们一定会在愉悦、幸福、积极、乐观、进取的校园氛围中健康成长！

谢谢大家！

迈向未来：憧憬、勇气与行动

——2022 年 2 月开学典礼演讲

老师们、同学们：

新学期好！

2022 年，对于天府中学来讲，将是值得特别铭记的一年，因为她将迎来自己的第一届高中毕业生。首先要祝贺已经被世界排名第 22 位的香港大学录取的小姚、小谢、小吴（文中均为化名），被酒店管理专业世界排名第一的瑞士洛桑酒店管理学院录取的小张、小曾、小魏，被世界排名第 27 位的英国曼彻斯特大学录取的小张、小苏、小王等同学，当然，还有充满惊喜的录取结果会陆续到来，我们第一届融合创新高中绝大多数同学应该都会被全球排名前 100 位的世界名校录取。要祝贺你们，即将奔赴全球各地的著名院校，开启新的人生之旅，为你们奋斗取得的成就骄傲；要感谢你们，希望你们孜孜以求的学习精神感染身边的每一个同学，带领大家去建设一个不断超越自我、越来越出色的天府中学；也要嘱托你们，这仅仅是个开始，更艰苦、更伟大的征程还需要你们去走，希望你们胸怀远大抱负，无所畏惧，勇往直前。高二年级的小秦、小朱、小李等同学，接力棒即将交到你们的手中。我知道，你们心中的目标是牛津、剑桥这样的世界顶级大学；我深信，你们实现这个目标的可能性极大。但我认为这还不够，你们还要思考，在思想、在心灵方面给成长中的天府中学和学弟学妹们贡献点什么？我还想对融合创新高中部的全体同学说，不管你们以后奔赴何地求学，学成以后都要把服务祖国放在第一位，原因只有一个：祖国需要！站在新时代中国新征程的起点上，实现中华民族伟大复兴太需要！

初中部的同学们，我希望上面的这一番话也能激发你们心中的憧憬，希望你们在新的学期，迸发出更强的学习成长劲头，努力去超越自己，超越你们的学长。

希望你们要更加自信和积极。无论何时何地、无论在哪个阶段，都要相信自己，只要敢于拼搏，有决心、有行动，就能够再向前迈进一大步。不要在小小年纪就认为自己这也不行，那也不行。要是这份对于自我的信念都没有了，你本来行也变成不行了,且永远都会不行下去。你肯定会有不擅长的学科或者领域,但你是否会从每一天、每一堂课、每一篇作业、每一次纠错开始做起,勇敢地去改变和迎接挑战呢?若有,你是否一直在坚持,又坚持了多长时间呢?如果效果不太好,你是否在行动、方法、策略等方面深刻反思过,你是否会去和同学、老师一起讨论并寻求帮助呢?何况,你一定还有自己擅长和感兴趣的学科和领域,为什么不去努力把这些方面变得更擅长、更强大呢?这也是不断提升自己的策略。

还希望你们要更加坚韧和专注,并要一以贯之、持之以恒。美国的一位心理学家花了十五年,追踪研究了上百位各自领域的精英人才,发现他们之所以能够在人群之中脱颖而出,最大的原因并非他们的学历、智商或情商,而是他们在做事的专注度上非同一般,且相当持久。同学们,一定不要在前进路上患得患失,一定要把自己的吃苦精神和意志力培养起来,一定要相信水滴石穿,相信功到自然成。尤其是当你们以后步入职场、走向社会的时候,更是如此。一个人如果能够花十年、二十年静下心来潜心做一件事情,你不想成功都难。怕的是我们三心二意、眼高手低、半途而废,在成功来临之前就放弃了,甚至是坐而不动,幻想某一天天上掉馅饼,就更不切实际了。

也希望你们一定要多读书,要热爱生活,永远保持对这个世界的乐观和好奇心。这是你们成长、发展的坚实基础,因为它直接决定的是你们拥有一颗怎样的头脑和心灵。那些伟大的、不朽的灵魂早已不在我们眼前,但是他们已经化身为浩瀚的文字潜藏在那些永不落架的书籍里。所以,在你们的课堂学习之外,要花更多的时间走进文学、历史、哲学、艺术的殿堂。同时,在校园之外,还有一个更大的世界等着你们去追寻、去探索,你们要在这个追寻和探索的过程中去找到自己感兴趣的方向,去培养自己终身学习的兴趣和能力。举个例子,十年、二十年后,你们能否为新一代城市居民创造出别具一格、充满吸引力的生活场景和社交空间呢?如果你们没有热爱生活的态度,没有那份好奇心、同理心去感受、去关怀、去理解这个城市和我们赖以生存的这个世界,创造的热情和灵感就很难在头脑中迸发出来。

最后,新的一年、新的学期,希望老师们、同学们热爱运动,坚持锻炼身体,拥有健康的身心,保持愉悦的心情,始终以最佳状态投入学习、工作和生活,祝大家一切顺利!

奔赴更深沉的思考

——2022年9月开学典礼演讲

老师们、亲爱的同学们：

大家好！

重回美丽的校园总是令人喜悦的，说明真正美好的教育应该且必须发生在人与人之间亲切的交往之中。首先，让我们以热烈的掌声欢迎今年加入天府中学的所有新老师、新同学，欢迎你们！让我们一起，携手努力去开创天府中学的美好未来。今天，我和大家交流的主题是"奔赴更深沉的思考"，主要围绕发生在今年夏天的三个事件展开。

一是"最热的夏天"。不仅仅是成都、四川，而是全球，整个世界仿佛都在燃烧，阿尔卑斯的冰川崩塌，格陵兰岛的冰峰融化。全球气候变暖带来的不仅仅是超级高温的问题，还对人类健康的伤害极大，是扩大疫病流行的重要因素。它还会导致水资源总量减少，带来干旱的问题；海平面会不断上升，一步步侵蚀陆地，人类的栖息地某一天都会告急；农业产量下降，导致更多的人衣食不保；工业停顿，导致不少企业倒闭，员工失业；人类赖以生存的生态系统遭到严重破坏；等等。同学们，人类怎么办？我们应该怎么办？每个人都要养成良好的消费习惯，尽力减少能源消耗和碳排放，缓解危机；每个国家都要倾尽力量，研究如何开发新能源替代传统能源；全世界都要携手努力，维护好人与自然的关系，保护动物、草地、江河湖海和农田，禁止森林砍伐，等等。不然，人类终有一天，就会在污染、热浪、无水可喝、无处安身等困境中苦苦挣扎，乃至陷入绝望。

二是"乌克兰战争"。这让我们深深地明白，有一个强大的祖国多么重要！一个强大的祖国从何而来？国家不是一个虚无的概念，她是主权、是国土、是文化历史、是民族精神，她更是有血有肉、有情感、有灵魂、有家园的人民。我们每一个人怎么样，她就会怎么样。同学们，你们的未来就是祖国的未来，祖国的未来就是你们的未来！要趁着你们年少有梦，奋斗今日，创造未来！

三是彭州龙漕沟的山洪。山洪造成7人死亡，数人受伤。无情的洪水从父亲的双手中永远带走了他的孩子，那个画面还在撕裂着我们的心。人们普遍认为，这是天灾，也是人祸。生命安全被许多人视若无物，不仅贪图安逸，还不听劝阻，当地人是根本不会在河沟区域乘凉戏水的，因为他们知道安全隐患很大。同学们，真的是生命无小事，安全非儿戏！要从生活中的一点一滴做起，要把每一次安全教育、安全疏散演练当成真实事件重视，只有这样，你们才会对生命有敬畏之心，你们才会在某些危及生命的时刻有深刻的安全意识、敏捷的应急反应、合格的逃生技能和自救能力。

初三的同学们，作为天府中学的第一届学生，你们将以何种姿态去迎接并完成你们初三的学习与生活？我充满期待！我相信，你们交出的答卷一定是最漂亮的，这份答卷不仅仅是学术表现和中考成绩，更是一份做人的答卷！高中部的同学们，你们要用实际行动和表现来告诉学弟学妹，人逐渐长大是有意义、有价值的，是有意思的。我衷心希望你们成为这个校园之中的表率，无论在运动场、教室里，还是在各种活动的舞台上。初二的同学们，下个学期，你们就将迎来生物和地理两个学科的学业水平测试，希望你们从现在开始就要更加重视这两个学科每一堂课的学习和每一次练习，以轻盈的姿态、优异的成绩完成这一次检验。初一的同学们，我想说，告别小学了，你们要学会做一个中学生，要学会去操持自己的校园生活，要更有力量、更有头脑，要更加专注、更加自律。

最后，祝同学们生活愉快、学习进步、健康成长！祝老师们工作顺利、幸福快乐！

离开，是为了更好地归来

——2023年6月初中毕业典礼演讲

尊敬的各位老师、家长，亲爱的同学们：

大家好！今天，我们在这里隆重举行天府中学第一届初中生的毕业典礼。首先，让我们一起祝贺230多个孩子顺利毕业，祝贺你们！

同学们，回望这三年，首先要感谢你们的爸爸妈妈，感谢他们的一路陪伴、默默关心和坚定支持。天府中学也要感谢他们，对一所全新的学校，他们满怀信任，毫不迟疑把你们交到我们的手中，这份了不起的信任，也是我们一直勇毅前行的动力。

要感谢你们的每一位老师，他们都是原来学校的佼佼者，但他们义无反顾，跳出自己的舒适圈，放下曾经的荣耀和光环，为了那份新的理想，投身年轻的天府中学，一切从零开始！疫情这三年，对于他们来讲，甚为艰苦。好多时候，他们既要上网课，还要照顾家里孩子和老人；上百次在寒风中、烈日下，他们一路陪伴你们做核酸检测，生怕哪个孩子"阳了"；无数个日夜，他们要牵挂并收集你们的健康状况，还要了解你们的情绪心理，同时，备课、上课、作业批改、谈心谈话、个别辅导、活动组织一样都不曾落下。可以想象有多么艰难。但他们未曾有一句怨言，默默担下所有！

也要感谢同学们，这三年，你们也相当不易。一次又一次的疫情把你们困在家中、困在小区里、锁定在屏幕上，一次又一次阻拦你们重回美丽的校园，让你们不能在运动场上奔跑，不能与老师们促膝长谈，不能与伙伴们追逐嬉戏。但你们在天府中学学习、奋进、成长的故事，时时都在感染和影响着我们，把我们一次又一次带向教育心灵的更深处。

见面问好，带着自信、热情和微笑。在当下紧张的教育生态里，这份美好的情感在一些校园、一些学生身上似乎都已消逝。但，这是天府中学的一道风景，这是你们，天府中学学子身上一份骄傲的标志。这体现出的不仅仅是文明和教养，也是在展示你们的勇气和开放性。以此为起点，在天府中学的"博雅教育"图景中，我们着力去发展每一个孩子的个性、见识、文化修养和品格风度。进入高中以后，我希望你们继续修炼，这是你们以后人生发展和幸福生活的密码。

敢于提问题，无论是学习上的、生活中的还是成长路上的问题。这三年，校园里留下了许多同学向我提问、和我交流谈心的画面，我非常珍惜、非常留恋这些充满深情的教育记忆。敢于提问、能够提问、善于提问，这是学习精神中最宝贵的部分，它将在很大程度上决定你们是否能成为一个真正有头脑、有思想、有创造性的人。

你们全身心投入体育运动节、未来科学节、世界文化节、戏剧艺术节的各项活动，你们在每天的思辨艺术微课上一直保持热情和专注，你们对周五的博雅选修课总是兴趣十足，并乐在其中。所有这一切，在今天来看，也许不能取得立竿见影的效果，但教育的影响总是滞后的，这些东西在未来的某个时候一定会在你们身上发出令人惊喜的光芒。

三年来，我和老师们一起见证了你们每一个人的成长，许多故事都是天府中学教育史中注定要留下的深深印记。

初一时在年级的跑步队伍里落后大半圈的那个孩子，进入初二下期以后，你就是队伍里跑得最快的人之一了。除了体育的进步以外，你成长起来并慢慢书写自己的故事。这段成长故事其实值得所有的学校、校长和老师去学、去读。

有一大批体育特别出色的孩子，小周、小代、小库、小蒋、小廖、小卓、小张、小姚、小杨（文中均为化名）……相较于你们的运动能力，其实我更欣赏你们在体育运动节中无论输赢都表现出来的姿态和风度。

有一群爱读书的孩子，小沈、小糖、小郑……有好多才艺突出的学生，小黄、小谢、小宗、小王、小汤、小曾、小赵、小宋……他们用行动去追寻"博雅"之路。

还有那些品学兼优的代表，小蒋、小张、小何、小李、小赵、小杨、小韩、小唐、小葛……

以及一大批在初高中衔接阶段表现出灵活、顽强的学习精神并取得巨大进步的孩子，小张、小王、小何、小聂、小余、小郭、小潘、小刘、小高、小杨、小朱、小黎、小蒋、小谢、小吴……当然，还包括在国际高中体系里的小文、小邹、小陈等同学。

请包涵，还有好多同学的名字未能一一提及，但我、老师们以及天府中学真的为你们骄傲。在此，我提议用热烈的掌声向你们所有的老师和爸爸妈妈表示最衷心的感谢！当然，同时在你们自己的心里，也请为自己鼓一次掌！

九月，你们即将踏进高中的大门，我还有三句话要送给你们：

高中学习的挑战更高、更强。面对困难和挑战，我想把小高同学和我交流时经常说到的一句话送给你们：永远保持乐观！高中学习的科目和难度都大幅度增加，对投入度、专注度、学习方法与能力、毅力、意志力、自信心、眼界等都带来不小的考验。在所有这些挑战面前，保持乐观是第一位的。拥有乐观的心态，才会平静从容、不乱阵脚、留住希望。

不要成为一个刷题机器，而要努力成为一个会思考、爱交流、善总结，不断超越自我的学习者。只有这样，你们才能抵御学习的倦怠感，发展起真正的思维品质和学习能力，并学得越来越好。

通过上一所名牌大学来决定你们人生和命运的时代一去不复返了，要努力去思考在学习、生活、成长的过程中要成为一个什么样的人，这是你们以后人生发展的主题。同情、悲悯、责任感，既是你们连接世界的纽带，也是你们开创明天的基石；不要为眼前的功利和苟且挣扎，要用开放、勇气、智慧、胸怀、坚韧、执着去探索世界，迎接你们的必将会是更美的、更好的、更值得拥有的未来！

同学们、老师们、家长朋友们，未来，孩子们不管是离开还是留在天府中学，告别初中生活，进入高中学习，都是一种新的离开，我送给你们共同的一句话都是：离开，是为了更好地归来！

谢谢大家！

学校里最重要的课程

——2023年9月开学典礼演讲

尊敬的各位老师、亲爱的各位同学：

大家新学期好！

首先代表学校向38位新教职工、380名新同学表示最热烈的欢迎！欢迎你们！

新学年的开学典礼，我想和大家交流的主题是"学校里最重要的课程"。不管是对于你们的生命成长还是人生发展，我认为学校里最重要的课程是这些：

第一，体育。体育运动是一个人生命延续和蓬勃向上的基石。从生命科学的角度讲，体育运动会减缓人的衰老。运动还可以促进多巴胺的分泌，提高人的血清素水平，从而调节人的情绪和内分泌系统，这对人的身心健康大有裨益。运动还会改善人的心肺功能，促进血液循环和大脑发育，增强学习记忆。所以，同学们，不要认为体育运动耽误学习时间，这是错误的观点。尤其是国际部的同学们，当你们走向世界，身体素质是你们的第一张名片，是世界对中国人的第一印象。希望同学们坚持每天精神抖擞地跑步、上好每一堂体育课、全身心参加每一次体育活动或者比赛，最好还有自己喜爱的、每天坚持的运动项目。

第二，日常生活。生活是最好的老师、最好的课程，也是一本活色生香的经典之书。在日常生活中，你们习得文明风度和优雅教养；你们在与同学、老师交往的过程中锤炼思想道德水准，领悟人生的价值与意义；你们在行走世界的过程中学会关怀、同情和悲悯，把责任、胸怀和理想追求深深地根植在灵魂之中。所以，要尊重他人，尤其是要尊重师长，见到老师、长辈要问好；要排队就餐，不打双份餐，不过量加菜，不超量领取水果；在班集体和学生公寓的生活里，培养集体荣誉感，学会尊重、包容和谦让，正确面对得失；爱护学校的每一棵花草树木，不践踏草坪，不擅自摘水果。维护学校的优美环境，是要让同学们感知每一个季节的美，感受风雨云雾的变化，以及我们与它们之间的联系。这就是认识自我、认识世界万物的启蒙与开始。你们还应该走出课本，走出课堂，走出校园，走向美丽、多变，幸福与艰难同在的世界。去见识不同的人群，抬头向更多优秀的人学习并低头看看那些苦难的存在吧。这会让我们的心灵变得柔软和清澈，会让我们更加深入地思考：未来我们到底要想成为一个什么样的人？

　　第三，学习的过程。学习不仅关乎一本本书，更关乎我们的学习动机、学习姿态、学习精神、学习智慧，也就是学习的过程。在有限的时间内如何学好？时间的管理、专注度、学习方法、效率、毅力、反思及向他人请教的能力，这些都是非常重要的因素。同时请不要忘记，学习的信念很重要，要弄明白我们为什么学习，以及永远都相信，自己一定能学好！这才是学好的先决条件。拥有这些，想要学不好都很困难。还有，学习不仅仅只学学校发的课本教材，我一直在倡导，要多读书，这是塑造大脑，提升学习格局、境界和智慧的法宝；还要多提问题，多和优秀的人交流，这样你们不断超越自我的可能性就会越来越大。

　　最后，新的学年、新的学期、新的阶段，祝老师们、同学们身体健康，学习、工作顺利，生活也精彩！谢谢大家！

向成长致敬：我们共同拥有的美好回忆

——2024年6月初中毕业典礼演讲

老师们、家长朋友们、同学们：

大家好！

我在学校工作三十多年了，做校长也有十多年，每年的毕业典礼，总有很多感慨，但最让我内心激荡的，还是在天府中学。以前我在树德中学，高中毕业的孩子们几乎都已年满十八，已在成人的起点。而在座的孩子们，你们刚刚初中毕业。三年前，你们踏进天府中学的校门时，还是一个个稚嫩的小不点，那一切都还历历在目。

三年来，真的有许多美好回忆！那些触动心弦的画面和故事带给我的激动和喜悦，胜过我在树德中学任校长的时候学校里几十个孩子考上清华北大，因为我们一起走过的每一天，我时时都能看到你们灿烂的笑脸和令人欣喜的成长。

这个年级我最先认识并记住名字的学生应该是小蔡（文中均为化名）。三年前的9月，开学第一周，我到班级听课，就坐在你座位的后面，从此记住了你认真学习的样子。初一时的一个星期五下午，我到艺术楼巡看同学们的戏剧课学习，那个说要扮演陈校长的同学，应该是小唐。但我因为工作错过了观摩你们如何演"我"，真是遗憾。小贾，三年来，你克服了多少身体上的困难，面对了多少心理上的挑战，一直保持对学习的热情和良好的学业成绩，我们旁人真的难以想象其中的艰辛，对你只有敬佩。小易，直到初二的时候，我才知道你的英语成绩很不错，这让我有点小震撼，因为你一直在克服表达和运动上的困难，但你始终认真努力、坚持不懈的样子真的打动了我，也会作为一个故事、一种精神永远留存在天府中学的记忆里。小刘，我一直对你有所牵挂，你从每天只能上半天课，到上全天课，到坚持每一个晚自习，到勇敢奋进的初三，看见你不断超越自己，对初中学习生活的适应越来越好，我感到发自内心的喜悦。

小郭，袁学民老师说，你的思维绝不亚于他执教过的那些考上清华北大的学生。小杨，你常被同学们赞叹为最强数学大脑。小秦，高中的生物、地理你都学得差不多了。你说对人多的环境有点不适应，我想，大概在某个领域钻研很深的人都会有同感。不要紧张，保持放松，一切都会很好。去年9月，我的脚骨折期间，跑到办公室给我送药的小胡、小刘，以及我头部受伤期间，那么多关心问候的孩子，你们带给我那份温暖和感动至今仍在，还有获得四川省写作比赛一等奖的小谭，从容、优雅的主持人小何、小杨、小采，英语演讲成都市第一名、创意设计升旗仪式的小苏，在戏剧艺术节上被评委大加赞赏的小金、小吕；还有妈妈说从不补课，主要靠自己努力学习不断取得进步的小彭。还有在各项学习中脱颖而出的小杨、小佳、小徐、小廖、小王、小官、小李、小陈、小刘，进步巨大的小荔、小文，以及体育尖子小丰。还有很多没被提及的优秀学生，你们都是学校里全面发展、卓越成长的代表。

　　我永远不会忘记那些一直保持笑脸的孩子，小白、小张、小何、小柴、小林、小汪等，好多名字……更多的、聚积的记忆是那些在校园里和你们驻足聊天谈心的时光，我们聊天的内容涉及校园生活的方方面面。那些真实、纯真、真诚的心灵，那些敞开的心扉，那些绝对的信任，坚定了我内心深处的从教决心，以及我对教育的希冀和信心。

　　在今天的毕业典礼上，我最想对那些没能升入天府中学高中部的同学们说，不要失落，不要气馁，你们在天府中学所受的教育一定会在人生的某个阶段焕发光彩。我也多次说过，依赖考上一所大学决定你们命运的时代一去不复返了，最重要的是你们未来会成为一个什么样的人，要拥有怎样的头脑、心灵和意志品质才能够去创造未来，拥抱幸福。终身学习的时代，只要认真学，什么时候都不晚。我在和有的同学聊天的时候说过，我小学毕业后复读了一年才考上一个好一点的初中，我高中毕业落榜了，又复读一年才考上一个专科学校。我学习态度的真正转变是在高三时期，持续认真的学习是在大学期间，真正意义上广泛地学习并找到好的学习方法，是在我担任树德中学的校级干部之后。从那时起，我如饥似渴地阅读、思考、研究、写作，涉猎教育学、心理学、哲学、文学、社会学、人类学、历史学等诸多门类的知识。正是多年来不间断地深入学习，加上自己那颗真实、虔诚、坦荡的心，才能够带领树德中学去触摸一个又一个新的发展高点，才能够和老师们一起为天府中学在今天的生态环境中开辟出一条新的教育之路。孩子们，你们还有多少个十年啊，永远要对自己、对未来抱有信心。

　　对于即将升入高中的所有同学，我还有几点嘱托：

　　第一，要深悟高中学习的门道。一是对高中学习的容量、强度和难度要有心理准备，但不要怕，不要退缩，这是培养你们学习能力和坚韧性的过程，你们要有能力去迎接这份挑战。无论成绩高低，每个人都会有自己的艰难，只要不退缩不放弃，你们就会立于不败之地。二是自己要有目标，但永远不要在拿自己和他人比较的过程中被动学习，保持对自己的信心和乐观是你们不断进步的基石。三是快速适应高中的学习节奏，领悟高中的学习方法，在不断总结、反思中学习。注重建立知识的体系、了解知识的源起、抓住知识的核心和本质、厘清知识和知识之间的逻辑与关联、明白知识的目标和价值归宿等，这对一个真正的学习者、一个不断超越自我的学习者来讲非常重要。

第二，努力发展自己最感兴趣、最擅长的领域，而非一味追求学科平衡。当下教育过分注重对分数和名次的追寻，看重不断强化自己的薄弱学科，忽略了人扬长发展，这是你们需要警惕的。只有扬长发展才会让你们在未来展现出真正的竞争力。

第三，你们的成长和发展不要仅仅局限于对课本知识的学习，要去结交朋友，去寻找志同道合的伙伴，在这个过程中向他人学习，提升认知，理解人性，懂得包容、尊重与妥协，学会沟通与合作，由此来发展你们的社会情感能力，这是你们与世界同行必需的能力。你们还要勇于走出校园，去探索大千世界。世界的发展变迁、社会各阶层的生命状态、刻骨铭心的生活现实会教给你们很多书本上永远无法学到的东西。你们会在这个过程中增强感知世间万物的能力，历练面对复杂世界的勇气，发现自己真正的热爱和对这个世界的责任所在，这是你们超越自我、创造未来的基础。

最后，我想说，一路走来的三年，要感谢你们的父母和所有老师，感谢他们的爱、支持和谆谆教诲；也要感谢你们的同窗，友谊、信任和互相帮助让你们既有心情沐浴阳光，又有力量穿过风雨；还要感谢你们自己，无论是成长的欢喜还是泪水，你们都选择面对，不曾骄傲，也不曾放弃！

我们终将挥手言别，但我们的心永远相连！最后，也要感谢孩子们，感谢所有的家长。你们对我、对老师们、对天府中学的爱、信任和支持也是我们继续勇敢前行的最大动力！

祝福大家！美好的未来一定会属于你们！后会有期！

天中之音（上）：
走出"内卷"和"焦虑"的困境
——陈东永校长在成都天府中学"家庭教育讲堂"与家长的对话

又到一年升学季，紧张、焦虑、慌乱、迷惘再次在万千家庭和无数学校中弥散。教育的"内卷"和"焦虑"由来已久，当下甚重。作为诞生于新时代、钟情教育本真，既立足当下又追求长远的开创型学校，天府中学再一次把她深切的思考展现给社会和公众，希望能让更多的人走出困境，去创造、迎接光明和未来。这次展现依然是初夏时分和陈东永校长的又一次对话。

一问：教育的"内卷"和"焦虑"具体表现在过量的作业、训练、考试、补课、攀比以及选择学校时的盲从或无助，大多数家庭、不少学校认为这是考个高分数、考上好学校的必然之路，您是怎么看待这些问题的？

答：首先我举两个例子。第一个例子，我在任树德中学校长期间，树德中学外国语校区开始两三年的小升初招生是可以面试的，经历过面试的年级每一届考上"四七九"的学生人数都有一百多人（年级总人数三百多人）。后来取消了招生面试，每个年级考上"四七九"的学生人数变成了原来的零头。大家可以想一想，教师还是那些教师，管理标准依然未变，英语、数学依然是小班、分层教学，但学生却出现了这样的变化，原因何在？当然是在生源，高分生源！所以，把高分、高升学率归功于分了重点班、分了层，抓得严、抓得紧，作业多、考试多，以及把奇高的分数和成绩完全归功于学校，都是无法立足的。仅仅是一个面试的筛选，就可以在分数上表现出如此大的差异，要是可以通过考试来选拔生源，大家完全能够想象分数和升学率可以高到什么地步，更不要说，有的学校为了追求高升学率可能还要"砍尾巴"。

第二个例子，2010 年，树德中学率先推进改革，控制作业量、减少高三补课时间、减少考试训练数量，在文化思想、学术训练、教学管理等方面下功夫，结果，高考成绩还年年攀新高，改革获得成功。当然，这个成绩的基础还是树德中学一流的生源。适量的作业、训练、考试当然是应该的，但超过一定的量就会是无效的甚至会带来难以弥补的伤害，当下的许多现象和事件都是例证。这种伤害是心理的、精神的、情绪或情感的，是对大脑创造性的压制。它剥夺了学生去发展人际交往、培养公共关怀、探索世界的机会从而导致他们缺乏一定的环境去认识自我、发展自我，形成独立、坚毅、智慧而又浪漫的人格。

从最基本的教育逻辑来看，过多的作业、训练、考试其实是低水平、低质量的教育，因为任何学校的教师——包括"四七九"的教师在这种情况下都没有充足的时间去选那么多题、命那么多题，更不要说——批改、评讲、纠错、辅导答疑。如果要加量，很多时候只能应付了事。既然如此，高质量的教育从何而来就是一门学问了。

二问：那您认为，高分学生集中越多的学校，是否学生会发展得更好？

答：可能很多人的观点就是如此，但我的观点有很大不同。至少在基础教育阶段，我是相当反对把一个年级的高分学生集中在一两个或几个班的，原因如下：

第一，很多人的观点是，高分学生在一起，有利于竞争。但我想说，"丛林法则"绝不适用于教育。人的教育和培养，主要在"合作"中实现，竞争是从属于合作的。好的教育需要的是科学、规律和人文的支撑。真挚的情感、不盲从的精神、决策的智慧，以及追求真善美的人格，都必须在交往、合作中养成，绝无办法只在竞争中实现。

第二，单就成绩来讲，一个班级、一个年级肯定需要在学习上带头的学生，但高分的过度集中带来的弊端显而易见：有的高分学生在此理念下形成狭隘的"优越感"，对他们的成长极为不利；不少成绩不错的学生在高分集中的班级相对靠后，即使是成绩靠前的学生也随时担心自己会掉下来，心理压力剧增，自信心削弱；竞争的氛围浓于合作，同伴之间的人际关系变得紧张，甚至互相防范；等等。还有，优秀学生和成绩较弱的学生在一起，其实也是一个"生态系统"。优秀学生可以在帮助他人的过程中获得更好的成长。

在我三十多年的教育经历中，我认识或熟知许多成绩不突出甚至较弱的孩子，但他们善良、性格开朗、热心集体、乐于助人、见识开阔，有的动手能力还特别强，对所在班级的影响极好，后来的发展也非常好，甚至超过很多当时成绩明显比他们好的人。还有一个现象也值得研究，那就是在我们现在的教育生态和环境中，我经常发现，很多成绩好的学生还玩不到一起。我们在20世纪80年代读高中，学校每年清华大学、北京大学只考一两个，高考第二名的分数常常比第一名差几十分，甚至上百分，但从来没有哪个优生说谁拖累了谁。如果一个优生在学习成长过程中不能依靠自己去克服、排除一些可能的影响因素，那他根本就不算一个优生，温室里培养的花朵经不起风雨的考验。

第三，要选择学校。我认为，选择学校主要看师资（爱生敬业、专业能力、眼光格局等）、理念（对教育科学及规律的认识、把握与实践）、教育教学品质（高品质的课程活动体系，恰当的节奏和进度，高质量的课堂教学，教学过程中高质量的命题，强度和频率适中的测试，及时而高水平的评讲、辅导、答疑、交流指导等），以及优美的校园环境、优良的校风、温馨的人际关系等。我们也可以非常自豪地讲，这些都是天府中学的优势。

三问：您对现在的学生、家长、教师还有什么嘱托和建议吗？

答：所有的学生、家长、教师都应该警醒并明白，依靠考上一所名校来决定命运的时代已经一去不复返了，尤其是对于当下的青少年，关键在于我们本身如何去成长和发展。我们能否超越做题和分数，成为一个有血有肉、有情义、有头脑、有独立人格、有格局、有胸怀、有担当、有创造力的人。倘能如此，有价值的事业、美好的生活就在远处向我们招手。没有这些，分数的火把很快燃尽，路的尽头终将一片漆黑。

尤其是那些成绩优秀的学生，真的不应该在追求分数的路上"一意孤行"，因为他们缺的不是分数。在学科发展上他们只需正常学习，他们需要去思考，去发展的是更核心、更长远的东西。只有如此，数年过后，他们才能真正成为优秀的人才。同时，我还想对天底下所有的教师说，在教育教学的过程中，如果我们的节奏稍慢、方法更好、用情更深，更多的学生将会幸福成长，更多的学生将会发展得更好！

天中之音（下）：
怎样才能真正学得好、发展好
——陈东永校长在成都天府中学"家庭教育讲堂"与家长的对话

在之前的探讨中，我们对生源、分班、补课、刷题等现象有了较清醒的认识，明白了高分生源集中的学校，其高分数的取得几乎可以肯定地说主要是因为生源。从每一个学生的维度分析，他们是在真正意义上得到了提升，还是因为"生态缺失"反而导致了退步，是一个需要严肃思量的问题。那么问题来了：我们当如何判断学校教育和家庭教育环境的好坏，以及在怎样的学校教育和家庭教育环境中学生才能真正学得好，同时也发展得好呢？陈东永校长再次向大家提供了他的观点和思考。

陈东永校长：其实，在《天中之音（上）：走出"内卷"和"焦虑"的困境》中，我已经用一小段话讲到了这个问题。今天，我就从以下几个方面，从基础层面进行一些更深入的讲解，供大家思考和参考。

一、师资与理念：同等生源前提下成绩的决定性因素

师资主要包括教师队伍的爱生敬业程度、专业能力水平以及眼光格局等（师资队伍整体水准的考察依据应当主要来源于在读学生）；理念指的是学校崇尚、追随和倡导，并根植在教师灵魂和行动中的思想认知及专业信念，即对教育本质、科学和规律的认识、把握与实践。

在此，关于育人理念的核心要义，我特别想强调"德性"和"品格"培养，这也是天府中学"博雅教育"的关键内涵。其一，没有美德的养成，人的成长或走弯路，或走歧路，至少难以发展为"真正意义上的好"；其二，良好德性和品格的养成，不管是理想志趣、意志品质、个人修养，还是对他人与社会的关心，对个人的学习、发展都是有莫大帮助的。当然，对于低年级的学生来讲，先不要动辄从"德"的角度说教，而是从培养好习惯入手，去教化、引领、塑造他们。光是生活、学习、人际交往中习惯的培养都是一个不小的系统，需要长期坚持的努力。

二、高品质课程教学体系：学习能力培养与全面发展

我认为高品质课程教学体系包括三个方面的内容：

第一，坚实的课程活动架构。这一架构不仅应见于学校课程计划中的各类必修、选修课程，还应包括许多且非常重要的"隐性课程"，如校园学习、生活中对价值准则和行动指南的学习，班风、学风、考风的确立与塑造，时时刻刻、实实在在存在于教师和学生之间的谈话与对话等。与此对应的结果就是学生思想认识到位、主动积极参与，还要统筹好、协调好、平衡好各科学习，且要乐观豁达面对学习过程中的各种问题，并通过自身的不懈努力和老师、同学的帮助不断进步。

第二，高水准的课堂教学。高质量的课堂教学必须首先建立在恰当的节奏和进度基础上，必须遵循孩子的身心、智力发展节奏和规律，避免当下一些名校课堂教学普遍存在的教学内容难、多，教学进度快的问题。课堂教学的水准与学校学科教学研究的水准、教师的精心备课息息相关。在教学过程中，教师还必须表现出高水平的执教和课堂管理能力，以及独到的观察力、调整力、引领力等。与此对应的就是学生的预习、听课、笔记、复习、问问题等学习环节得到更好的落实，学习方法更好，学习效率和质量更高等。

第三，高质量的作业、训练和考试。为什么我们说作业、训练、考试过多是低水平的教学？因为有效的、高质量的作业、训练、考试必须建立在"好题"的基础之上。真正的好题是需要教师花大量时间亲自去做、去选、去编的。如果量大了，这些题如何能好？教师的时间有限，肯定是无法完成这么多好的试题的筛选与命制的。这种情况下过多的作业就是平庸之题的堆积。此外，无论是作业、训练还是考试，如果没有教师及时而高水平的批改、评讲、答疑、辅导和指导交流（作业多了，教师不可能有足够的时间去一一详细批改，也不可能去认真评讲、答疑和辅导了），学生没有投入足够的时间和精力去完成，这些训练考试可能是低效甚至无效的。很多时候，学生的情绪或心理问题也由此产生。

三、文化环境：安全感、自信心和兴趣培养之基

美的校园环境能让人身心舒展；温馨的人际关系能赋予学生安全感和自信心；优良的校风，如民主、平等、公正，不攀比、不歧视、无欺凌，能给予学生学习、生活、成长和发展更好的保障。

四、家庭教育：可能比学校教育还重要

现在不少家庭教育，把精力过度投向补课，报培训班、兴趣班等，家庭最重要的功能似乎已经高度边缘化。事实上，家庭教育在学生成长过程中的基础性和先发性作用比学校教育还重要。在此，我们就围绕一些重要习惯和基础品质的培养来讲。

（1）文明礼貌。见人要打招呼；得到帮助要说"谢谢"；打扰、影响或伤害了他人要说"对不起"，某些时候甚至还要鞠躬致歉等。尽管这些东西看起来十分简单，但大家可以看看周围，无论是在家里、学校还是其他公共场合，表现出这样素质的人其实并不多。这些既是文明和教养的养成（指向一个人的心灵）过程，是尊重他人的开始（指向一个人的人格），是在与他人接触、交往的过程中培养开放性和勇气的重要起点（指向一个人的气度、胸怀和精神），也是道德教育、品格教育的启蒙和开始。有开放性和勇气的孩子，学习上不会自我封闭，不会遇到困难就脆弱无比。他既有坚强的品格，也会在困难时向他人寻求帮助。

（2）学会讲道理，懂得承担责任。生活中，不管是习惯养成还是品格培养，都要从立规矩开始，并要讲清楚这些规矩的意义和价值在哪里（也即人们常说的讲道理）。如果违反规则，要有恰当的惩罚措施。也就是在这个过程中培育、强化了孩子的责任意识，并进行了主动承担责任的训练。

（3）阅读的习惯。阅读既是训练孩子注意力和专注度最好方式，是广博知识、训练大脑、涵育思想、启迪智慧的重要路径，也是滋养心灵、塑造精神世界的密码。

（4）运动和劳动的习惯。运动和劳动不仅是对身心发展有好处，儿童和青少年的大脑发育、性格养成都会在这个过程中深受裨益，更不要说我们经常提及的"劳逸结合"了。

（5）收纳整理的习惯。学会收纳、整理，包括自己的房间、衣物、玩具、文具、课本教材、试卷等。这不仅仅是习惯的培养，也是条理、思维的训练，这对孩子往后的学习帮助巨大。

（6）做事要有计划。做事，尤其是重要事项，必须有计划，要养成制订计划的习惯。这是思维训练，也是严谨性、效率、目标完成的训练。并且，计划实施完毕，还要对完成情况进行总结回顾，找出不足，以便在以后做得更好。

（7）保持专注。前面讲过，阅读是训练注意力和专注度的重要方式。除此之外，在平常的学习过程中，要求孩子的作业限时完成；做作业的过程中，在

一定的、恰当的时间长度内，不能随意走动（喝水、吃水果、上网等）；使用手机要有明确的要求，在方式、内容、时间长度上要有严格的规定等。

教育教学是一个浩繁的系统，除了显性的要素，还存在许多隐性，或者说不那么明显的元素、知识和过程。理念的更新是一条漫漫长路，实践的变革和调整也需久久为功。天府中学将和大家一起，本着对青少年负责的态度，用一颗最真诚的心，以最踏实的行动，以最执着的意志去面对、去探索、去创造，全力交出新时代最触动人心的教育答卷！

第三辑
DISANJI

学术·思想·报告

提升育人效能：文化视角与校园生活构造

——2020 年 12 月首届中国基础教育论坛暨中国教育学会第 33 次学术年会之校长论坛主题演讲

效能是人们在有目的有组织的活动中表现出来的效率和效果，反映了活动目标选择的正确性及其实现程度。

这就要求现代学校建设既要返璞归真，兑现育人本质，又要深化改革激发发展活力，更要自主创新，催生发展动能，在先进文化和优质校园生活培育中，全面提升生命发展质量和育人效能。

一、当下教育：现实之痛与理性之思

钱学森院士曾回忆，"在我一生的道路上有过两个高潮：一个是在师大附中的六年，一个是在美国读研究生的时候"。在他列出的影响其一生最大的 17 个人中，北师大附中占 7 人[①]。

然而当今一些区域和学校的教育评价与价值追求，依然表现出迷恋清华北大、"双一流"和升学率，缺乏远大的教育格局、精湛的教育艺术的特征，难以在真正意义上培养出有德性的人、有高水平学习能力的人、有创造力的人。一些名校发展往往醉心于"书面表达"和"顶层设计"，依赖于优秀生源、优秀教师的集群，缺乏有代表性的教育思想和先进文化思想，也缺乏温暖人心的教育故事，能做出有说服力的教育示范和表率的学校太少。

走出名校缺乏优质文化引领和本质性改革发展的困境，亟待学校整体创建能激扬发展动力、催生创造力的先进文化，亟待创建能够滋养精神成长、涌流创造智慧、闪耀人格光亮的校园生活生态场。

二、学校文化：突出对"人"的深度关怀

学校文化是师生自主创造的烛照师生生命的精神和物质的总和，既是仰望

---

① 梁原草：《钱学森从这里走来》，科学普及出版社，2011 年，第 25 页。

星空、叩问本真的教育理想追寻与对教育规律的遵循，也是激发生命力、创造力及个体智慧的引擎。

2020年9月开校、地处天府新区核心地带的成都天府中学，以建设新体制、高水平、现代化一流学校为目标，通过顶层设计构建现代杰出的学校文化思想系统。

天府中学确立了自己的发展内涵：重拾优秀中国教育传统，融合世界教育的杰出经验，创建品质超然的文化生态和育人机制，为学生提供别具一格、具有挑战性和未来性的天府中学教育经验。形成了办学目标：突出对人的关怀，追求"服务国家"的教育理想、"自今日·至未来"的教育理念，以及以"知识·责任·创造"为核心价值的"博雅教育"思想。其中的"知识"指向"知识视野、科学精神和全球眼光"；"责任"突出"公民素养、品格责任和健康身心"；"创造"旨在培养学生的"审美意趣、实践创新和开放协作"，着力开发学生的创新潜质。

天府中学的思想具有鲜明的人文特征——指向师生的心灵成长。以"学生今日博学广才、独立思考、优雅成人，明日以杰出的公民素养、智识远见和责任良知去服务国家社会，创造美好未来"为培养目标，突出博雅、高远、聪慧、担当、创造等人文特质；以"怀理想信念与仁爱之心，以先进思想、深厚学养和优雅风范为国育才，引领社会风尚，塑造时代文明"为教师发展目标，突出新时代的师魂、师心、师才。

聚焦"学习研究"，建设高水平教师队伍。学校着力创建"二三三"教师发展体系，引领教师高水平成长："二"指教师发展的"两翼"，即德性修养和学术水平；第一个"三"指"个体、团队、全体"三个层面的高水平发展；第二个"三"则是从"学习、研究、实践"三个维度引领，推动教师不断进步。

天府中学陆续推出培育高水平教师队伍的系列措施：一是孕育具有深厚人文关怀的学校文化，让教师切身感到被关怀被尊重，并受到学校理想信念、教育远见、发展愿景和宽广情怀深深感染和触动，从而在心灵上形成强烈的追求卓越的意愿和专业精神上的高度自觉。二是引领教师个体奋进，激励每个个体主动发展和自觉发展，让阅读、写作、研究成为职业习惯。三是开展学术文化建设，创建学术文化走廊、跨学科教育沙龙，举办博雅大师课、博雅教育论坛，以省级课题"成都天府中学融合创新课程的实践研究"引领教师课程教学改革。举办教育教学研讨会，引导教师参加高水平学术会议，展开高质量学术文章主题学习研讨。四是深入推进学科建设。凝练学科宣言，制定学科建设规划，通过举办名师示范课、骨干教师研究课、青年教师展示课、班主任交流课等公开课，展开课堂教学研究和学科主题系列化研究。

与此同时，学校努力为教师提供舒心的工作生活环境，践行简约性、去权化的学校管理。学校文化制度建设高度体现教育的科学性、人文性、艺术性、激励性和发展性，彰显"开明、简约、温情、公正、学术、卓越"的杰出学校特征。学校精心设计促进教师高水平发展的评价考核机制，全力削减部分僵化繁冗的形式带给教师的负担，努力彰显学习型组织特性，充分发挥每个人的积极性和创造力。

三、校园生活重构：自由、自觉与卓越

天府中学突出"自由与自觉"的校园生活特征，创建惬意生活、主动发展、全面发展、自由发展的校园生活环境，努力确保每一个孩子的天性、禀赋和尊严都得到足够的呵护和尊重，在高境界、高水平、高能力教师的引领下，自由而积极地学习、成长和发展，以成为最好的自己和优秀的公民。

全力构造博雅教育视野下的校园生活：创建由预备学习、国家课程、博雅选修、思辨艺术微课、劳动教育、运动30分、静校午休、闲暇时光等构成的校园生活板块；打造人文艺术、科学研究、社会考察、志愿服务四大学习实践基地，每年举办体育运动节、未来科学节、世界文化节、社团展示节、戏剧艺术节等五大校园主题节，开展新年会、三八妇女节、五四青年节、六一儿童节、教师节、父亲节、母亲节等十个节日教育，以为数众多的学生社团活动、各种社会实践活动、学科科研项目等丰富学生学习生涯的重要时空，让学生在完整丰富、富于品质的校园生活体验中，获得充实愉悦的精神、丰盈的素质成长和充分释放的创新潜能。

让学生经历完整而幸福的学校课程生活，学校致力于向校园生活的主体部分——学校课程，要求生命发展质量和育人效能。构建起博雅课程图谱之四大课程群：基础学力课程以"国家课程+名家讲堂（包括科学、文化与世界等丰富主题）"为主干，杰出公民课程涵盖"运动健康、公共素养和社会关怀"，人文艺术课程突出"博雅阅读、文学写作、艺术鉴创"，实践创新课程聚焦"技术实践、融合学习和创意设计"。

在博雅课程建设中，学校高度重视音乐、艺术、体育课程、劳动课程、跨学科学习项目、思辨艺术微课等课程建设和高品质的教学实施。在思辨艺术微课中，学校开发构建起中英文演讲与辩论、世界著名音乐家作品赏析、兴趣绘画、回望日等课程形态。学校充分利用自身毗邻的兴隆湖和鹿溪河两大生态区，以及天府新区、成都科学城的独特资源优势，开发独具一格的关于"自

然、乡村、城市、博物院馆、未来科学"等的课程形态。

天府中学建构践行博雅课程,力求实现三大突破:一是切实减轻过重课业负担,把学生从狭隘的学习中解放出来,让一切教育教学过程成为学生增长知识、陶冶品格、丰富情感、塑造精神的园地,促进学生思辨力、意志力、开放性等关键能力和核心素养的培育。二是引领、激励教师努力把学生最大的动力激发出来,把最好的人际关系和学习氛围建设出来,把最好的教育艺术和教育教学方法展现出来,不断接近更高品质的教育。这是因为,教,更多地强调偏正式的教与学,教书、教课、教学;育,在学校阶段更突出那些非正式的、非课程方式的培养,熏陶、化育、育人,强调生态、氛围、体系。三是教学实施把整体教学、分类教学、分层教学统整起来,最大化发挥博雅课程的育人价值:整体教学突出"知识·责任·创造"之核心价值,分类教学突出差异发展和扬长发展,分层教学突出充分发展和自我超越;积极践行讨论式学习、主题式学习、项目式学习、协作式学习、探究式学习等育人方式,致力于在学生综合素质和核心素养培养上取得实效,并充分发挥过程性评价、形成性评价、发展性评价在学生成长过程中的育人功能。

指向立德树人、促进生命完整成长和个性发展的天府中学博雅教育,突出先进广阔的文化引领浸润和校园品质生活构造。天府中学的办学初心在于:价值提升,成就每个生命;重心下移,释放主体力量;结构开放,拓展发展空间;环境生态,滋养创生能量。

高品质教育：基于常识、科学和关怀的思考与实践

——2021年9月四川省教育学会学术年会校长论坛主题演讲

一、学校发展审视：重拾良知、信心与勇气

（一）审视当下名校的发展

1. 设计的还是实践的？

当下的一些名校发展"专注于"书面表达和顶层设计，尤其是每个学校都会搞一个"高大上"的课程体系，但没有多少学校"知行合一"，把这些设想、设计真正在实践中充分落地。

2. 品牌依赖以及高分生源和名校教师的集中

学校发展依赖"挂品牌"、集中高分生源和引进名校教师，难以窥见有代表性的教育思想和先进文化思想的产生，也缺乏温暖人心的教育故事，能够做出有说服力的示范和表率的学校太少……

（二）中国乡村的"巴学园"——田字格兴隆实验小学（位于贵州遵义正安县兴隆村的大山深处）

1. 乡土人本教育理念

"乡土人本教育"是基于中国乡村特点及中国乡村孩子需要创建的有理念、有课程、有教学法的教育。它主要从乡土观、自然观、人本观、未来观四个维度来培养孩子们热爱家乡、尊敬自然、回归人本、走向未来的意识。

2. 校园文化建设

（1）特色建筑"活教材"——无声的教育。收集村子里的废旧建材，建成贵州特色的"古建筑"。200多年历史的廊柱和清代嘉庆年间的石阶，学校处处展现着历史、家乡和文化的元素。

（2）利用乡村得天独厚的自然资源优势，建起植物园，从自然万物中感受

世界，汲取生命力量。

3."乡土人本"课程：学会生活、面向未来

"5+1"乡土人本课程体系：基础课、日修课、轴心课、共同生活课、自主修习课、行动与分享课。课程教学致力于打破学习边界：增长本领、历练能力，突破传统教科书的限制，开展主题式跨学科学习。

二、高品质教育：常识、科学与人文之上

（一）永远的榜样

那些著名的学校，南开、春晖、育才、夏山、帕夫雷什……没有傲气，并不深奥复杂，但其思想、言语、行为及其流淌在学校里的一切都洋溢着对生命的敬畏和关怀，对生命、万物意义的深刻探索。一切都是那么触动人心，令人肃然起敬……

（二）教育：常识、科学与人文的交融

教师如果对教育科学有真正的了解，其教育的常识性、科学性和人文性就会有很大的提升。

1. 关于大脑

人的左脑主管逻辑、语言、数学、文字、推理、分析，被称为抽象脑，又称学术脑；人的右脑主管图形、音乐、韵律、情感、想象、创意，被称为艺术脑，又称创造脑。左右脑必须协调发展，过度训练某一部分必然会造成失衡。

2. 关于运动

运动可增加人们体内的血清素、去甲肾上腺素和多巴胺的水平，这些都是传递思维和情感的重要神经递质，抑郁症就与血清素缺乏有关。运动、劳动能释放一连串影响神经系统的化学物质和生长因子，而这些物质能扭转血清素的缺乏，维护大脑的基本结构，从根本上增强大脑的功能。

3. 关于学习与认知神经科学

认知神经科学认为，教育的一个很大的特点就是塑造学生的大脑。研究表明，师生特定区域脑活动同步性与教学效果显著正相关。所以，如果师生关系比较好，学生学习的效果也会更好。

分散学习优于集中学习，是因为前额叶参与促进大脑神经激活模式一致性较高，分散学习促进了大脑神经活动激活模式一致性，这也是设置合理的教育

节奏及建设优质教学结构的理论依据。

三、天府中学："博雅教育"的中学实践

（一）天府中学"博雅教育"的追求

重拾优秀的中国教育传统，融合世界教育的杰出经验，着力创建品质超然的文化生态和育人机制，为学生提供别具一格、具有挑战性和未来性的受教育体验。

学校特质：突出对人的关怀，追求服务国家的理想。
教育思想：博雅教育。
教育理念：自今日·至未来。

（二）校园生活特征：自由、自觉与卓越

"自由、自觉与卓越"的校园生活指向惬意生活、主动发展、全面发展和自由发展。每一个孩子的天性、禀赋和尊严都会在天府中学得到足够的呵护和尊重，在优秀教师的引领下，自由而积极地学习、成长和发展，以成为最好的自己和优秀的公民。

（三）"博雅教育"课程（简介）

（1）核心价值：知识·责任·创造。把以"责任"为核心要义的学校德育放在学校教育的第一位。

（2）整体设计：聚焦三大核心价值，构建四大课程群，致力于培养学生的九大核心素养。

（四）课堂教学：基于核心问题的对话式教学

（略）

（五）优良的师生关系：天府中学教育学之核心

优良的师生关系首先有利于建立学生在学校学习生活的安全感和自信心。天府中学特别强调信任、沟通技巧、友善、合作、共存等重要品质和社会情感能力的塑造。实践中从主动沟通交流、主动关心学生做起。

优化教育生态，提升育人质量

——2023年9月成都市第39个教师节座谈会上的主题发言

我是来自成都天府中学的陈东永，根据会议安排，现就成都天府中学学习贯彻习近平总书记关于教育重要讲话精神，树立科学的人才观、成才观、教育观，加快扭转教育功利化倾向，形成健康的教育环境和教育生态情况汇报如下。

一、基本情况

设计"博雅教育"体系，统领天府中学的教育实践。一是注重传承优秀的中国教育传统，把"优秀品德"的培养置于学校教育的首位，强调"人无德不立"。二是确立"自今日·至未来"的教育理念，不要只言说孩子们的未来，而忽略他们当下的生命感受；不仅要关注他们当下的学习成绩，还要着眼他们美好可期的未来，关心他们能否有信心、有勇气、有能力去追寻幸福、履行承诺、承担责任。三是以"知识·责任·创造"三大核心价值统领学校的教育教学，聚焦核心素养和关键能力，超越对分数和升学率的狭隘追求。

建设高水平师资队伍，肩负高质量育人重任。一是转变教师教育理念，激励教师"怀理想信念与仁爱之心，以先进思想、深厚学养和优雅风范为党育人、为国育才，引领社会风尚，塑造时代文明"，涵育天府中学教师的独特气质——"富人格之魅力，怀思想和精神之风度，常触动人心、擅启迪心智"。二是创建湖溪教师书院和博雅研究院，牵头教师队伍的专业发展，提升教师的育人水平和能力。三是设计"二三三四"教师发展体系，构建教师发展融合课程，引领教师发展别具一格的教育情操；坚持阅读经典，培育一流的教育远见；融反思和研究于生活实践，追求高质量自我发展。

创新学校管理，营造生态性育人氛围。一是减少学校管理层级，创新设计支持性制度，不断提升干部管理水平能力，确保教育理念、方向、方法、手段不走形；二是坚决执行"三不"（生源不掐尖、教学不补课、不放弃任何一个学困生），引领干部、教师从内在和本质方面下功夫；三是发现优秀典型，总结突出经验，或宣传表彰，或辐射传播，形成正确的舆论导向和价值引领。天府中学今年第一届中考，在全摇号的生源背景下，成绩非常突出，这是对我们践行先进教育理念最大的肯定和鼓舞。

二、下一步工作计划

教师考核评价注重"内在"和"过程"两方面。一是增强教师师德师风考核的有效性；二是深化对教师专业进取行动的考察，包括研究、阅读、学术进修、教育教学思想和方法的总结提炼等，这是质量之源；三是注重教师教育教学过程的现场观察评价，这是质量之基。

继续引领家长转变教育理念，形成家校合力。通过各层次的家长会、教育公益讲堂和家长学校引领家长加强学习、转变理念，和学校同心同向，带领学生奔赴美好未来。

保持教育定力，坚定不移走生态型、高品质学校发展之路。无论前行路上困难有多大，挑战有多难，天府中学的理想学校建设之路都将一如既往、坚定不移。

天府中学将继续坚持学习习近平总书记关于教育的系列重要讲话精神，力争学懂、弄透、悟深，办好人民满意的教育，培养德智体美劳全面发展的时代新人。

在"育"字上下深功夫

——2022年11月天府中学暨天府中学教育集团第一届学术年会开幕致辞

尊敬的镇西院长，省区两级名校长工作室、重庆市两江新区友好学校、天府中学教育集团的各位校园长、老师们：

大家好！

在党的二十大胜利闭幕近一月之际，我们赶在寒冬来临之前，举办天府中学暨天府中学教育集团第一届学术年会。这是因为我们不想错过兴隆湖和鹿溪河畔的深秋，因为秋天是一个最适合哲学思考的季节。尽管受疫情的影响，区内外的校长、园长和老师们都不能亲临天府中学的现场，但庆幸的是现在的互联网技术如此发达，不仅能够联通遥远的彼此，还可以让我们在"云上"携手同行。

党的二十大报告提出，要"实施科教兴国战略，强化现代化建设人才支撑"，着重强调要加快建设教育强国、科技强国、人才强国，办好人民满意的教育[1]。因此，必须加快建设高质量教育体系，转变教育发展方式，注重内涵提升，全面推进素质教育，把促进人的全面发展、适应社会需要作为衡量教育质量的根本标准。

我们本届学术年会的主题是"高质量学科育人的思想凝练和实践追寻"，这个主题既是学校教育的长期追求，也是我们学习贯彻党的二十大精神的教育回应。那么，高质量学科育人何以在现实中不断前进呢？

首先，我们要不断深化"人是教育的出发点"这个最根本的教育信念。从增强对生命的理解、重拾对学生的信任、深化对每一个孩子的关怀开始，在宏大绵延的教育画卷中，我们要看见人的风采、人的光芒。真正好的教育、真正优秀的教师能够让每一个学生在内心深处相信自己。如果学生能追随优秀教师

---

[1] 习近平：《高举中国特色社会主义伟大旗帜　为全面建设社会主义现代化国家而团结奋斗——在中国共产党第二十次全国代表大会上的报告》，人民出版社，2022年，第33～34页。

的步伐，以全部情感和精神意志投入生活、学习、实践和思考，永不退缩，他们真的就能，真的就行。

其次，整个教学历程都要在"育"字上下功夫。学科教学绝不能只有干瘪的考点和书本教条，高质量的教学在坚守学科本质的同时，也要追求超越性。要让学生有充实深刻的头脑活动、情感体验和精神感受，既要让学生领略知识之美，也要让他们感知生活的无穷趣味，以及与外部世界相逢的惊叹和惊喜，从而在欢笑、泪水、迷惘和不断觉醒中去认识自我、发现自我，在发掘潜力、发展潜能的同时，涵育属于自己的理想和志趣，从而有勇气、有能力去追寻一条更幸福、更有意义的人生之路，无论在现实生活中有何等遭遇，都能保持从容和平静，永不放弃，并努力去追寻光明和未来。

同时，高质量的教学还要走向教育科学的深处。如何发展学生科学的记忆力，而非死记硬背；如何开发学生的智慧和悟性，拓展他们的学习视野，提高他们的学习素养；如何培养他们的自学能力，而不是成为一个长期习惯于听和接受的"人"……综上所述，所有这些问题都是我们在学科育人路上要边思索、边实践、边探索的重要课题。

三年的疫情，极大地影响了我们的教育和生活，我们的学术年会也一推再推。但是，我们的情怀依旧，思考力依旧，我们初心未改，一直走在追求理想教育和诗意教育的路上。最后，祝本届学术年会圆满成功！谢谢！

教育信仰是学科育人的基石

——2023年11月天府中学暨天府中学教育集团第二届学术年会开幕致辞

各位嘉宾、各位老师：

两周以前我都还在想，今年的学术年会我应该以怎样的方式，怎样的内容去做一个致辞？上周我听了曾婕老师的数学课后觉得有一条捷径可走了，无需再去写一篇洋洋洒洒的文章，只需把我听课过程中的思想情感活动表达出来就够了。

为什么要从一节数学课谈起呢？因为从小到大我学得最吃力、学得最不好、最害怕的学科就是数学了。大学毕业后，最初当老师的那些日子里，夜里若有惊梦，多半都是关于数学题的。但是曾婕老师的那堂数学课我听懂了。曾老师的那堂课从思路、逻辑、表达、理念、方法等方面考察，都是优秀的，显示了数学教学的魅力。真正打动我的是她教学过程中一直真诚、自然、轻松的笑脸，是她始终对每一个孩子保持的亲切，是她穿行在学生中间的那份自如。而这一切，看得出来都是真情流露而非刻意为之。这不容易，非常难得。

这背后是坚定的教育信仰，也是今天我想和老师们交流的主题：教育信仰是学科育人的基石。

信仰又是什么呢？

一是信任。信任我们自己也信任学生，相信我们凭一颗真挚的心、不变的执着和勇往直前的精神可以化平庸为非凡。相信孩子们的大脑被开发的部分只是滔滔江河的一条支流。如果往深了说、往远处说，一个从未被信任的孩子，他都不知道信任为何物，他以后如何信任他人？一个没有相互信任的社会，何以能够持续，何以拥有美好和力量？可以说，信任他人或者被信任是学生人格发展的基础，也是社会文明进步的基石。

二是尊重。尊重每一个生命个体，教师和学生都不要成为分数的奴隶。在与生命、健康、尊严的比较中，在终身学习的漫长历程里，分数微不足道。教师在教学过程中的情感投入和精神表现是课堂中的无言之教，是育人之道，它的价值、意义和影响在学问之上。

三是信念。我们对待知识和学问的态度，以及我们如何教会学生去塑造关于知识和文化的信念，如何去追寻知识与学问的本质及其价值归宿，如何看待知识和学生之间的关系，等等，是我们传授知识之前必须积累的文化修炼。

最后我们还应该拥有一种绝对的虔诚，那就是深信教育本身的力量，相信教育可以化腐朽为神奇；否则教师和教育科学存在的基础就将荡然无存。

老师们，我们谈论的这些很平凡，但也可以说很伟大，是教学的伟大、教育的伟大，这种伟大就在我们身边，也在我们脚下，就看我们是否有仰慕之心，是否愿意去追逐。让我们一起努力，共同书写高质量学科育人与众不同的一页，去书写不负这个时代的教育篇章。

第四辑
DISIJI

树德中学时期的探索

教育：奠基卓越人生
——教育部中学校长培训中心第 6 期全国优秀中学校长高级研究班"陈东永教育思想研讨会"主题报告

回望我 23 年的职业生涯，可用两句话来概括：坚守教育这片土地，始终供职一所学校。我常常在想，这样单一的经历是否会让一个人变得不够宽阔，甚至会有些许局限和狭隘？经由多次的沉思默想，我发现自己的答案竟如此坚定：不会！尽管从教可能使我不够练达人情，但一直和青春年少的孩子相处，就是置身一个最富生命力和感召力的世界。他们炽热的理想、真挚的情感、独有的思想远见，如同洒向心灵的阳光，我常常从中获得振作的力量与教育之启迪。在他们的困顿、叛逆或迷茫面前，我也陷入追寻教育良法的苦苦思索和久久冥想，然后迎来"柳暗花明""绝处逢生"的欣喜，内心充满职业情感的高峰体验。他们追寻梦想的倔强、经历挫折或情感伤痛而迅速擦干眼泪的坚毅都令我感到震撼。还有那些"日出而作"、日入仍不能息的教师，我常常被他们的无私、崇高和忘我深深折服……这哪是一个狭隘的世界，分明是一片蔚蓝的海洋，汇聚了胸怀、情感和心灵的力量。身处其中，对生命的敬畏、对人性光辉的倾慕始终照耀着我的职业人生之旅，让我不易偏离最初的梦想。当然，我也偶尔自我陶醉：为自己亲自设计并得到高度认可的学校发展构想，为自己牵头谋划并成功实践的改革创新，甚至仅仅是为了自己一次次引起学生和教师情感和心理深度共鸣的演讲……

一直供职一所学校，没有功名、利益的纠缠，没有庸规的烦扰，这样纯净的生命与职业体验，培养了我对教育的虔诚，也培育了我在教育追求中的些许理想主义情怀。从教师、班主任、中层干部（历经除办公室主任以外的学校所有中层岗位）、校长助理、副校长到校长，在校长一任上还统领着教育集团旗下具有层次差异的十多所学校，这样多的岗位体验，这样多的与不同背景的学生、家庭和学校的接触，也让我能够站在不同的视角观察人、教育、学校及其服务体系，思考如何不断优化学校的教育思想和育人实践，让教育更好地关照生命、人性、灵魂和情感，更着眼于个人长远的未来。

主题引言

近百年来，教育一直处于世界性话题的中心，因为它是推动人类世界走向更加美好和光明的未来的绝对力量。尤其是那些迅速崛起成为世界明星或全球瞩目力量的国家，其重要的成功之道就是通过全力发展教育，显著提振教育质量，从而培养出大批高层次人才、优秀人才来实现国家的振兴或强盛的。

今日之中国教育，时常面对"为什么总是培养不出杰出人才"的追问，也常常被社会、舆论诟病，曰其功利、狭隘或短浅。面对责问，我们依然无法做出好的回应。然而，在无尽的沉思中，我们的内心里一定在不断回响这个最清晰的声音：所有的教育人都需要重拾责任的力量，以心中良知去唤回百年树人的沉静与定力，去追寻更有理想、更富情怀、更具智慧的教育，让教育更好地面向每一个独特的生命，让他们以最美的姿态去拥抱世界、迎接挑战、创造未来。

一、问题的提出

（一）加速培养创新人才的时代呼唤

"当前世界正处在大发展大变革大调整时期，世界多极化、经济全球化深入发展，科技进步日新月异，人才竞争日趋激烈。我国正处在改革发展的关键阶段……凸显了提高国民素质，培养创新人才的重要性和紧迫性。中国未来发展，中华民族伟大复兴，关键靠人才，基础在教育。"[《国家中长期教育改革和发展规划纲要（2010—2020年）》（以下简称《纲要》）]

《纲要》同时指出，"坚持以人为本，全面实施素质教育是教育改革发展的战略主题。重点是面向全体学生，促进学生全面发展。着力提高学生服务国家、服务人民的社会责任感、勇于探索的创新精神和善于解决问题的实践能力"，要"创新人才培养模式"，"探索发现和培养创新人才的途径"，"努力培养造就数以千万计的专门人才和一大批拔尖创新人才"。

（二）教育面临信念与价值的严峻挑战

党的十八届三中全会明确提出，要把"立德树人"作为学校教育的根本任务。这里，其实道出了教育的真谛：人的成长、发展或培养，尤其是卓越人才的培养，必须坚持先"立德"，无德不谈"树人"。"德"是人才成长的基础，也是发展素养中的核心，更是教育价值追求的根本。但是，当下的学校教育面临着来自历史与现实的双重挑战，不断在偏离这个根本和核心，如果不能从挑战中突围，就会极大地制约教育生态及其人才培养质量的根本性改善。

1. 学校教育面临信念与价值的严峻挑战

当下的教育面临诸多挑战，我们必须对这些挑战有着清晰、深刻的认识，才有可能选择正确的方向、先进的思想、科学的路径。

金生鈜教授认为，自进入近现代社会以来，在西方文化的影响下，整个世界发生了深刻的现代性社会演化，形成了现代现象。现代现象展示了人的生活、人的世界、人的实践的巨大变形以及这一变形所引起的自然世界的事物的巨大变形。在这以人类自身所选择的偶然性的历史演变过程中，不仅人类社会的政治、经济、文化、教育规训的制度、自然控制的知识与技术发生了全方位的结构转型，而且人类的个体—群体生活的心性结构、生存形态与道德心态发生了持续性的不稳定的转变。更严重的是，这一转变已经使社会选择、制度安排和公共生活，缺乏能够为社会共契的价值理念奠基的因素，同时也使社会伦理和个人的道德实践落入困境。现代人的日常生活面临多元的、相互冲突的道德价值，面临着现时代的精神生活秩序与道德秩序的混乱。现代人正在精神深层中经受着来自价值秩序混乱的道德困惑和道德不幸[①]。

这样的"现代现象"把人们推入道德、伦理、精神坚守、价值选择的多重困境，其对教育的价值观影响尤其巨大，教育必须在直面这样的严峻现实中确立价值真谛、守护崇高理想、选择实践方向。

2. 当下教育的沉重现实：缺乏对"整个人生"的考量

（1）道德教育乏力，导致人生根基不牢。

一些学校道德教育缺乏高远立意，对学生"整个人生"的长远考量不足，导致"人生"的根基不牢。表面上看，学校道德教育在学校教育中的地位"高高在上"，但在实际现状中它可能"偏处一隅"，甚至成为附庸或摆设，几乎从未在真正意义上迈进过"教育的殿堂"。我们缺乏对学校德育崇高价值及意义的科学判断和深度认识，忽略它在人才培养和人类生活中的重要作用，更对之缺乏足够的敬畏和虔诚，从而，专业性研究和思考也十分有限，德育实践就更为乏力。一些学校德育工作的实际是，由于缺乏高远的追求和立意，自然没有系统的思想和内容设计，更没有积极主动的自觉实践。仅有的德育工作的出发点也只是从属于管教的需要，满足于条条框框的制定，止步于抓外部行为，观

[①] 金生鈜：《德性与教化》，湖南大学出版社，2003年，第2页。

念内容陈旧，方法手段单一，形式化严重，脱离思想、行为、生活的实际，忽视深层的思想、情感、境界的培养，忽视对心灵和精神的关照，做人、做什么样的人、怎样做人被忽略，甚至被放弃。

当我们站在人才培养的角度上审视，如果人性与伦理的教育，真、善、美的教育在学校教育中不再闪耀光辉，得到崇尚，我们所培养的人自然就会变得自私、冷漠、狭隘、残忍，这样的人无法成为一个正常、健全的生命个体，更不可能成为优秀的公民，去推动我们的国家和社会不断走向文明与和谐。同时，为什么我们总是培养不出大批的杰出人才？或许这与我们的教育方式和人才选拔方式有关，但我们是否应该意识到，这更与我们的人才培养理念有关。我们还没有真正把从小就培养学生的远大理想、奉献精神、责任担当、坚韧意志、合作意识等优秀的德性素养，坚定不移地置于学校教育的首位，自始至终贯穿于教育的全过程，使之成为教育内容中最不可缺少的部分。

（2）功名化倾向严重，自由创新的人才成长环境尚未形成。

当下一些学校教育中的功利化、名利化倾向依然严重，自由创新的人才培养环境远未形成。近二十年来，全国各地涌现出许多"超级中学"，不断扩大办学规模，开展生源抢夺大战，甚至形成"高考工厂"。热衷高考升学率比拼的趋势，导致学校教育功利化、名利化现象不断加剧，个别学校教育的价值观极度扭曲，学校教育的生态系统被持续破坏。对分数、对名牌大学、对升学率的追求甚至成为不少学校的教育主旋律甚至是唯一旋律。在这样的教育环境中，在这样的思想影响下，一些学校不再开放、包容，不再关注学生的内心和情感，更不会积极主动去追求核心素养的培育，也不会关注独立思考、质疑精神、创造品质的养成，学生的全面、自由、个性化成长成为奢望。

也许，这和当前不少地区对学校、对教育的评价体系紧密相关。但是，在这所有的艰难、挑战和抉择面前，一个有良知的学校、校长、教师，不应当把所有的责任都往外推，我们的内心深处也应该有一份担负使命的力量、抗争的勇气、奋发的精神以及自觉的行动！

（三）历史名校的使命传承与责任担当

八十多年前，中国风雨如磐，民族岌岌可危。国民革命军第29军副军长孙震深感少年乃中华强盛之望，文化是民族复兴之本，毅然"约集同志，共同举办树德学校"，是为树德中学之肇始。基于"德"在育人中的重要性，将军将之定为学校之"魂"，同时提出"树德树人"的办学宗旨，以"身心并健，五育同尊"为教育主张，以"礼义廉耻"为校训，以"忠·勇·勤"为校箴

(忠于国家、忠于民族、忠于社会、忠于职业，平时勇于为善、临时勇于负责、临敌勇于求胜，勤于修身、勤于求学、勤于治事、勤于助人)。

20世纪40年代，树德中学就以"校风纯正，学生成绩优良"而享誉全国。1944年香港《大公报》发文说，"成都树德中学是全国四所办得最好的私立中学之一"，时称"北有南开，西有树德"；20世纪五六十年代，树德中学为四川省归国华侨子女和高级干部子女集中就读学校；1953年，树德中学被确定为四川省首批省级重点中学。

斗转星移，一个世纪即将过去，树德中学用"树德树人"的主旋律谱写了一部动人心弦、引人沉醉的乐章。"德"成就了一所名校，养育了万千英才；"德"滋生出一种文化，幻化出无穷光芒。八十多年来，在为国家和社会培养数以万计的优秀公民和专门人才的同时，也培养出了一大批杰出人才，如中国科学院院士、生物学家赵尔宓，全国政协副主席刘晓峰，邮电部原副部长谢高觉，四川省原副省长韩邦彦，经济学家胡代光，著名文化学者张隆溪，著名电影人韩三平、米家山，希望集团创始人刘永言等。

回望历史，我们必须首先意识到的是近百年来一所历史名校的使命传承和责任担当。树德中学自创校之初，就怀揣着为国育才的理想抱负，肩负着重大使命，这样的历史责任必须在树德中学的办学之路上得到坚定不移的传承。同时，在丰硕教育成就的背后，我们收获最大的办学启示就是：教育的成功首先在于对美德教育的坚守。其实，在20世纪六七十年代，树德中学也曾经历过十多年的艰难跌宕，沉入低谷，"德"的传统和精神在此时迷失。直到1989年恢复"树德"校名之时，学校才又重新崛起，再现辉煌。这样的历史比对，更坚定了我们在教育追求与实践中，高举以德育人的旗帜，坚定不移走"立德树人"的人才培养之路的决心。

进入21世纪以来，学校在高层次平台、荣誉地位、办学条件、师资队伍、生源质量等方面又有重大进展。2000年，学校被评为四川省首批国家级示范性高中；2004年，成为四川省第一所引进国际高中课程的学校；2010年，被确定为教育部在四川省的首批探索拔尖创新人才培养试点学校；2011年，成为中国西部第一所开设IB国际高中课程的公立高中；2013年，以优异的成绩被评为四川省首批一级示范性高中；2014年，成为全国首批中国大学先修课程试点学校；学校先后获得四川省精神文明单位、全国德育先进集体、全国"工人先锋号"、全国五一劳动奖章等荣誉称号。

同时，树德中学拥有省内最多的在职特级教师队伍，硕士以上学历教师人数近百人，国家、省、市级称号获得者占教师总人数的一半以上；生源质量进一步优化；高考成绩屡创新高；2013年市政府投入6000万元改造老校区办学条件，2015年市政府又在信息技术和创新实验室建设两大重点领域投入近7000万元……在这样的平台、机会、条件、荣誉和期待面前，此时的我们应该思考，我们还应该做点什么？我们能够做点什么？我们必须做点什么？

二、"卓越人生教育"的内涵与追求

基于对以上问题的认识，我们确立了"卓越人生教育"的教育理念，希望在这样的教育思想引领下，探索既立足当下，更面向未来的教育实践，促进学生的可持续发展和卓越成长。同时，这也是在努力回应《纲要》对教育的期盼："注重教育内涵发展，鼓励学校办出特色、办出水平、出名师、育英才。"

在"卓越人生教育"思想的确立和实践设计过程中，我们特别注重"坚持德育为先"，特别注重把对学生的"理想信念教育和道德教育、以爱国主义为核心的民族精神和改革创新为核心的时代精神教育、社会主义核心价值观教育、公民意识教育、中华传统文化教育和革命传统教育"贯穿教育的全过程，并注意教育要求、对应课程、教育活动等的具体化、适切性、感染力和有效性。

"卓越人生教育"中的"卓越"并非单薄的某一方面的卓越，而是呈现了多种可能的"卓越"，符合人才成长、发展和培养的科学与规律。

（一）关于"卓越人生"的理解

"卓越"，商务印书馆于2016年出版的《现代汉语词典（第7版）》的解释是"非常优秀，超出一般"。"人生"即"人的生存和生活"。基于这样的理解，"卓越人生"意指"十分优秀、超出一般的生命状态、生活境界或人生成就"。如果要进一步进行具体化的分解，从人才的视角来看，可以从一个人的志向抱负、专业能力、职业成就与人生贡献等方面来评述其人生是否卓越；从生命个体的维度上看，可以从公民素养、精神品格、职业境界与生活态度等方面衡量其人生的卓越程度。所以，对于每一个人来讲，"卓越人生"都可追求，也可实现。

（二）"卓越人生教育"的内涵

"卓越人生教育"是为学生"十分优秀、超出一般的生命状态、生活境界或人生成就"奠基的教育。

从学校教育的整个人才培养体系来看，"卓越人生教育"是关乎学生可持续发展和卓越成长的教育，其在教育本质上体现"三个突出"，即突出学校德育的基础地位，突出学生核心素养的塑造，突出卓越人才的早期培养。

从学生的个体成长和发展来看，"卓越人生教育"旨在从"德性滋养、学习力提升、实践力发展、创新力培育、领袖力奠基"等五个方面聚焦学生核心素养的培育，为学生未来的"卓越人生"奠基。其中，"德性滋养"以"文明素养、德性品质、责任担当"为主要内容，同时强调"塑造人格的力量"，即坚持的力量、自信的力量、性格力量；"学习力提升"主要是求知欲、学习法、思考力；"实践力发展"主要包括"动手能力、适应能力、洞察力"；"创新力培育"主要指"两种精神一种思维"，即质疑精神、探索精神和创新思维；"领导力奠基"指向"自律意识、组织能力、思想引领力"的培养和开发。在五个领域之内，也有交融、递进等相互关系，比如"领导力"的培育，则是在拥有优秀品质、独立人格和创新思想的基础之上。创新精神的培育同样离不开独立人格的支持。

（三）奠基"卓越人生"的教育目标

若要实现"十分优秀、超出一般的生命状态、生活境界或人生成就"，教育要培养出什么样的人才可以匹配这样的"卓越人生"呢？

"卓越人生教育"的总体目标是"坚实成长基础、奠基卓越人生"，既要重视美德之基础，关注每一个学生的可持续发展和优质成长，也要立足一流名校的使命和追求，探索拔尖创新人才的早期培养。我们认为，"卓越人生教育"的育人目标可以从以下四个方面来诠释：

（1）美好生活的追求者和创造者。具有健康的身心、良好的个性、健全的人格、向上的精神、积极的生活态度，既能平静地追求和创造美好生活，也能自信、从容、勇敢地面对生活及其挑战。

（2）优秀公民。具有良好的公民意识和公民素养，遵纪守法、爱国利民、诚实守信、勤奋工作、友善待人。他们还是崇高社会价值的守护者，在坚守职业伦理和道德情操的基础上，还努力践行公平正义、守护社会良知、维护真理真相等。

（3）专门人才。也许他们都分布在平凡的工作岗位，但是他们有着超出一般水平的专业技术、职业精神、文化修养和自我追求。作为所在领域的专门人才，他们为服务社会、造福人民、建设国家不断做出自己的贡献。正如英国哲学家、教育理论家怀特海在《教育的目的》一书中写的，"我们的目标是，要塑造既有广泛的文化修养又在某个特殊方面有专业知识的人才，他们的专业知识可以给他们进步、腾飞的基础，而他们所具有的广泛的文化，使他们有哲般深邃，又如艺术般高雅"①。

（4）领军人物。具有服务人群、社会和国家的崇高理想，在此驱动下，他们成为高精知识、卓越才华或领导能力的追求者和拥有者。他们勇敢地追求个人价值的实现，更追求对国家、对民族、对社会的责任担当，具有乐于奉献、勇于牺牲自我的高贵品质。他们努力提高个人境界、开拓个人视野、增强个人能力、提升个人成就的高度，更追求为国家、社会和人类世界做出最大贡献，开创美好未来。

三、"卓越人生教育"持守的核心理念

（一）"做最好的自我"

人才的成长不可能都是一个层次、一种规格，每一个青少年都在可塑期，其变化和成长充满了无限可能。因此，每一个学生都可以在自己现有的起点上，去努力尝试触摸新的高度，成就最好的自我。

"做最好的自我"是一种信念，也是一种自信。没有信念、没有自信，难有舍我其谁的勇气，难以成功，更难言实现人生的卓越。能否成为最好的自我，如何成为最好的自我，关键是要找到最适合自己的方向，并沿着正确的道路坚韧不拔地前进。

"卓越人生教育"期望给所有的孩子提供一种最坚实的成长基础，道德发展的、知识进取的、生活实践的，努力让他们每一个人都不平庸；"卓越人生教育"还期望给所有的孩子创造最大化的选择机会，挑战性的、学术性的、领导性的、创造性的、国际性的……让他们在其中寻找自我、发现自我、磨砺自我，努力让他们最大限度地逼近那个"最好的自我"。

（二）美德是人才成长的基石

美德，意指一个人美好的道德和品行，包含优秀习惯和文明素养、良好的道德情操和人格品质、高度的责任感和担当精神。

苏格拉底一生都在竭尽全力劝说，"每一个人不要把自己的身体状况以及你们拥有多少财产放在人生的首要位置，而是要特别关注个人的最高精神境

---

① 怀特海：《教育的目的》，庄莲平、王立中译，文汇出版社，2012年，第1页。

界"①。夸美纽斯认为,"教育的目的也是三重的,包含知识、美德和虔诚"②。

所以,学校教育的追求,当以人的发展和成长为核心,人的成长和发展当以"德"为核心。人才培养必须坚持"以德为先",只有先"立德",才能实现"树人"的目标。与柏拉图生活在同时代的犬儒派著名哲学家迪欧赛斯(Dioceses)提出"一国的根基在于教育它的青年"。学校只有切实肩负起培育青年人的重任,才能创造更加美好的未来,也只有以"德"为核心,才可能培养出开创美好未来的青年一代。

具体而言,我们所追求的教育,应当对学生有永恒的影响,致力于学生终身的可持续发展,唯有"立德"才能帮助我们完成这样的追求,所以,"美德教育"要成为学校教育永恒的价值坚守,并付诸忠诚的教育实践。教育要重建对"德"的严肃信仰,努力去砥砺人性的光辉、追寻心灵的丰富和精神的高贵。

美德是生命个体不断走向成熟、完善和崇高的最大推动力量,所以,它是人的成长和发展的基石,是人之为人的第一要素。基石越坚厚,越能砥砺出真正的光辉,越能激发一个人的成长和发展动力,激励一个人沿着正确的道路、朝着最好的方向和最高的目标前进。美德不仅可以引领一个人当下的成长,也会引领一个人未来的发展。它是永恒的基础,是可持续发展的保障,是强大不绝的动力系统。同时,通过培育、提升和发展人的美好个性、道德品行来促进人的自我完善,升华其人生理想和价值追求,为帮助他们成为未来社会的"优秀公民、专门人才和领军人物"奠定坚实的基础。

(三)理想信念、使命感、创新精神是卓越成长的灵魂

卓越人才的成长和涌现必须以坚实、宽广的知识,以及美好的人格品质为基础。但是,一个人要想真正实现从平凡走向卓越的人生目标,其关键是:必须具有崇高而坚定的理想信念、强烈的使命感以及非凡的创新创造精神。

今天,在中国改革发展的关键时期,在中华民族伟大复兴的宏伟征途上,这样的伟大信念、理想人格、创造精神更为珍贵,更为国家所需要!我们每一个人必须清醒而自豪地认识到,这样宏阔壮伟的发展背景,正是我们大显身手的绝好时机,在改革发展、创新发展、转型发展的伟大浪潮中,那些有大梦想、大追求的人,更有可能创造非凡、不朽的功绩。

---

① 转引自[爱尔兰]弗兰克·M. 弗拉纳根:《最伟大的教育家——从苏格拉底到杜威》,卢立涛、安传达译,华东师范大学出版社,2009年,第7页。

② 转引自[爱尔兰]弗兰克·M. 弗拉纳根:《最伟大的教育家——从苏格拉底到杜威》,卢立涛、安传达译,华东师范大学出版社,2009年,第68页。

四、"卓越人生教育"的办学实践

(一) 重塑"两个目标",引领卓越学校建设

在学校新的发展阶段和历史时期,我们提出重塑"两个目标",引领现代卓越学校建设。一是学校发展理想:建设学术思想领先、教育品质一流,以研究和创新为显著办学特征的现代卓越学校。二是学生培养目标:为高校输送基础宽厚、品性卓越、具有创新潜质的杰出学生,为培养未来社会的优秀公民、专门人才和领军人物奠定坚实基础。要追寻这样的理想和目标,自然在文化品格、思想境界、精神气质、教育追求、行动实践等方面为我们的学校管理者、教师和学生提出了更高的标准和要求。

(二) "追慕卓越"的文化蕴育

"追慕卓越"的学校文化建设,首先必须指向"对美德的虔诚",因为美德是促进个体"走向自我完善"的重要力量,也是教育追求的核心价值所在。"追慕卓越"同时还要求学校教育从思想、境界、实践等维度上呈现出唯美与自觉。

1. 校园文化:充满美德意蕴

在中国传统文化的基本义理和价值体系中,不管是个人修为,还是治理天下,都十分推崇"德"的力量。从社会理想的角度有"大同社会""天下为公""平等和睦""恕、礼、仁政"等向往,从个人内在品格上看,有"忠孝仁爱""信义和平""礼义廉耻""自强不息"等追求,在深厚悠长的中华文化里都呈现出高度的价值启示。

所以,我们在学校开设"国学讲堂",宣扬那些千古流芳的文化思想、理想人格和美德品质;我们向教师、学生推荐《大学》《中庸》《道德经》等国学典籍,追寻传统文化价值中的经典。同时,我们注重打造校园文化,让美德意蕴在校园流动。

对创校人永远的铭记。踏进树德中学校门,在左边的历史文化墙上镌刻有创校人的生平事迹和创校理想,此为永恒的铭记。树德中学创校人、国民革命军第29军副军长孙震一生实为美德之典范。自1929年起,他相继创办树德第一、第二、第三、第四小学,招收无力入学的孩童,教学所需费用完全由他一人承担。1932年,为满足树德第一届小学毕业生升学需要,又举办树德初级中学,仍然实行完全义务教育,并设立丰厚奖学金,支持优秀学生继续深造。

1937年，他又将戎马半生的全部积蓄捐献出来，设立树德高中。孙震将军办学捐资单：银元二十一万圆（存入聚兴诚银行）、乐山嘉乐纸厂股本十万圆、成都市百余间铺面、银元十九万圆（存入中国银行）、成都市宁夏街等处十几院公馆、郫县四百亩良田。这些校产的契约上均署名"树德堂"或"树德中学"，表明所捐财务全归学校所有。

除了倾囊兴办学校，孙震将军的一生也是献身中华民族的功勋一生。他1926年投效国民革命军，任第二十九军副军长，参加北伐战争。1936年2月25日被授予陆军中将衔。抗战爆发后，与第二十二集团军总司令邓锡侯一起出川抗战，任二十二集团军副司令。1938年1月，任二十二集团军总司令，在晋东一带指挥部队与日作战，阻敌西进。1938年3月中旬徐州会战中，与日军血战于滕县，滞敌前进，保证了台儿庄大捷。1939年5月，被授予陆军上将衔。日本投降后，率部奉命推进郑州、许昌、漯河，解除日军一一五师团及商丘日军骑兵第九师团武装。1985年9月9日因病逝世，享年93岁。

以校歌传颂美德。树德中学前后两个时期的校歌歌词，尽管时期不同，但二者之间有一个非常鲜明的共同点，那就是对"德"的传颂。"树人斯树德，大勇气集义""乐群友善，勤劳果敢，广才成德为先""振兴中华，服务人群"，都是在不同历史时期，以"德"为核心，学校坚守不移的育人主张。

学校创办初期的校歌由陶亮生作词，陈砚方谱曲：

干家桢国，树人斯树德，大勇气集义，所生大精神，诗书所泽，举目异山河，新亭涕泗多，终童能请长缨，汪踦能卫社稷，匣中宝剑及时磨，东海斩鲸，西山化鸟，复仇填恨止干戈，泱泱大国，弦诵雅声和。

新时期的校歌由陈吉权作词，四川省歌舞剧院谱曲：

润物春风，滋苗时雨，融融锦水蜀山，芙蓉郭西，盈庭弦诵，意气风发少年。乐群友善，勤劳果敢，广才成德为先，泛海航天，创新精进，韶光莫任等闲。振兴中华，服务人群，树德儿女炬火煌煌相递传。

营造校园"美德景致"。

一是设计学校文化的核心符号——校徽。2008年北京奥运会会徽设计者张武先生，为树德中学题写校名，并为树德中学设计了具有深刻的学校历史与传统印记的校徽。整个校徽为圆形，以中国文化之文房四宝中的砚台为底，呈流水之形，砚台中心镌刻篆体"德"字，既体现"德"是源远流长的中华文化之精义，也是从古至今为人之灵魂，更与"树德中学"之名及学校追求高度契合。

二是布局校园文化石。精心构思设计并散布于校园各处的文化石，或方正，或圆，或书卷式，或山石状，或静卧，或竖立，或侧置，或在草坪之中，或于道路两旁，或于大树之下，或草书，或篆体，均简明突显"德"字。如，"树德树人""树德务滋""厚德载物""明德惟馨""德艺双馨""导德齐礼""德厚流光"等，在校园环境中呈现出美德意蕴的流动。

三是建美德文化墙。"美德文化墙"上刻有中华美德赋、中华美德故事、社会主义核心价值观、世界美德赋、世界道德诉求等。以中华美德赋为例，其以优美、简约的语言讲述中华文化中的传统美德，实为德育教化之经典。"天行健，君子以自强不息；地势坤，君子以厚德载物。""华夏探得至道，一个'中'字协万理；神州获有大宝，一个'和'字生万机。""人与天合，阳光雨露春常在；人与人合，四海之内皆兄弟；人与己合，淡定从容心安泰。""仁者爱人，惟仁可依，仁是大情，故可杀身以成仁；义者宜也，惟义可就，义乃至公，故可舍生以取义。""天地间本有正气，我族养之成浩然：富贵不能淫，贫贱不能移，威武不能屈。""三军可夺帅也，匹夫不可夺志也。""苏武牧羊，历千辛万苦，凛然持节十九载；天祥忠义，甘血染黄沙，留取丹心照汗青。""惜身恋家必爱国，高莫过父母之邦，与国荣辱，苟利国家生死以；爱国必重大一统，最盼遐迩一体，为固金瓯，岂因利害避趋之。""乌鸦尚能反哺，教化从来重孝道，事亲在敬，寸草难报三春晖；人非生而知之，唯有师者可解惑，程门立雪，一日之师终生恩。""华夏向往真善美，传我美德！爱我中华！"

2. 学校精神：追慕卓越

"追慕卓越"的精神还要求学校教育在思想、境界、实践等维度上表现出唯美与自觉。下文是一篇陈校长撰写，题为《卓越学校之美：树德中学的追求》的文章，发表在 2012 年树德中学校刊《树德之声》上。文章从教育信念、文化养成、育人追求等方面诠释了"追慕卓越"学校理想。

卓越学校之美：树德中学的追求

学校用知识与文明、智慧与思想、道德与情操、责任与使命哺育学生。卓越的学校，高品质的教育，则让我们看到哺育的深情。这背后，汇聚着对学校生命的尊重和期许，并以之奠定学生明日卓越发展之基。

卓越的学校是一片心灵的清澈之地。展现在我们眼前的学校宁静而富有朝气，没有利益与欲望的争斗和纠缠，自由、包容、真诚的空气弥散在整个校园。学校，以及她的教师和学生沉浸在知识和梦想的世界中，心无旁骛，执着飞翔。校园里，我们看到生命的自由与舒展，不同的思想和智慧在这里备受呵护，萌芽生长，具有独立精神、思想创见和开创能力的教师、学生在这里不断涌现。学校，还拥有一种朴素但最可贵的精神——坚忍、昂扬。这种精神由心灵、信念和信仰孕育，这种精神扎根在教师与学生灵魂深处，任何艰难险阻都不能阻挡他们前进的脚步。

卓越的教师是学校之基。卓越的教师不仅要让学生看到知识与科学的力量和价值，更要带领学生去领略世界的宏大、奇妙与绝美。教师不断地充实自己、提高自己，从未停止过把学生带进一个个崭新的知识世界、思想世界和精神世界的努力，让学生在新的世界中去发现自己、更新自己、超越自己。卓越的教师更具人格的雅美，他们一直坚信教育的崇高与伟大。其宽厚的胸襟和气度、对事业的忠诚、对学生的热爱，感召着学生，温暖着学生，化为学生成长的不竭动力。卓越的教师勇于创新，不懈追寻教育之美，追寻美的教学意境、美的教学格调、美的教学方式，以期培养出卓越的学生。

卓越的学生是学校之魂。卓越的学生有着对知识深深的渴望，但绝非死记硬背；他们注重获得持续学习的方法和兴趣，更加注重化知识为文明和修养、智慧和思想；他们不仅沉迷于书本，还胸怀理想和抱负，心系家国天下。所以，他们踊跃创建学生组织、组建学生社团、发起学生活动、投身社会实践，磨炼自己的能力，开阔自己的视野，增强当代学子的责任感和使命感，努力成为不仅会做文章，更能担道义；不仅能扫一屋，更可扫天下的英才。

丰富、高雅、充满活力的校园生活是卓越学校最亮丽的风景。自由创新的课堂体现着学生生命的主体性、尊严与价值，强化着学生追求发展的迫切愿望，加快着学生自我完善的步伐。丰富的课程与活动具有面向世界、生活与未来的眼光，贴近学生的心灵与渴求。它培养的是学生独自面对生活与社会的勇气、能力和态度；它发现的是学生的禀赋、才华和潜能，并不断培育和砥砺它，使之接近甚至是到达顶点；它陶冶的是学生的品性、情趣与公民素养，努力使学生成为一个高尚、完满、和谐的人；它引发的是学生的激情和创造力，培养的是主动适应社会发展，敢于面对挑战，能够走向世界、开创未来的、具有国际竞争力的人才。

卓越学校之美，定格树德中学的追求。

（三）培育优良师资，肩负育人重任

在学校新的发展阶段，在"两个目标"（学校发展理想和学生培养目标）的引领下，我们也开始了以"教师发展"为核心的卓越团队建设新历程。我们期待更多永怀使命感的卓越教师，在他们的职业生涯里，对先进教育思想的追寻、创造卓越教育实践的脚步永不停歇。

1. 教师的修炼："理想信念、责任良知"为先

在树德中学，我们以"理想信念、责任良知"开启教师职业人生的修炼，这也是教师不断进步的源泉。学校鼓励教师：要努力成为孩子的榜样（包括自己的孩子），因为我们今天的"模样"或许就是孩子明天的"模样"。教师的示范与榜样作用表现为对学问的追求、对职业与人生的态度、人格修养与道德情操。无论每一个孩子的学习基础和天资如何，无论其家庭背景如何，教师都必须做到一视同仁，公平公正。教师要成为学生幸福、精彩人生的重要成全者。对孩子好，对他们幸福、精彩人生的努力成全，是教师的职业使命，也是教师最宝贵的精神财富和崇高的人生价值。如果我们的一生中有无数孩子视我们为父母、兄长，或最真挚的朋友，我们的人生将与众不同。教师要努力塑造教师人生的尊严与价值。教育的尊严和教师的尊严紧密相连。教师必须以对真善美的高境界追求和实践来书写教育的崇高和尊严。没有教育的尊严就没有教师的尊严。怀揣育人理想，践行责任良知是教师生命价值的绽放，是教师职业的光辉所在，也是教师自由追求的前提。

为实现上述目标，就要引领教师追求"自觉与讲究"的教师生活。"自觉"是指教师无私奉献的职业精神，是孜孜不倦的学问追求和实践耕耘，是一种生活态度和职业修养，更是对学生饱满而真挚的爱；"讲究"则要求教师不断追求教育的艺术与智慧，让我们的教育思想及其行动自然而长久地流溢人文之美、发现之美、进步之美，并以此影响学生的现在，奠基学生的未来。

在树德中学每一个年级的教师办公室，每一个中午、课后或者饭后，我们经常会看到教师辅导答疑、和学生促膝交流谈心的场景，这全是教师们自觉的行动，绝非学校的规定或安排。这样的场景成为树德中学教学区一道美丽而感人的风景，经常让许多来访学校的领导和教师赞叹不已。高三后期的晚自习，每一天都有无数没有值守任务的班主任和科任教师自愿留在学校，或者晚饭后再回到学校守候学生。"还有问题要问吗""还有心思要诉说吗""还需要一个紧紧的拥抱和微笑吗""还需要一句叮咛吗"，这是他们留在或回到学校，心中最朴实但蕴含无限深情的想法。在校园里，在庭院中，在操场上，我们经常会

看到和学生一起漫步的教师。纪伯伦有段话用来描绘我们的教师，再妥切不过了："那殿宇下的阴影，那在弟子群中散步的教师，不是在传授他的忠信和仁慈，而是引你到你自己心灵的门口。"①

2. 创建高水平教师专业发展系统

学校不断优化校本教育哲学和教师发展文化，并以此为引领创建教师专业发展系统，从而培养高水平师资队伍，肩负育英才之重任。教师专业发展系统有三大重点模块：一是"七大学术活动"，即年度教学研讨会、年度德育研讨会、课程与教学研究会、德育工作研究会、教师暑期研修会、教师发展论坛、校园学术沙龙；二是"八大教师发展计划"，即教师阅读计划、名师教育思想沉淀计划、领军教师培养计划、卓越班主任培养计划、优秀青年教师培养计划、学者进校园计划、教育实践研究计划、再回大学深度研修计划；三是"课堂教学五大研修平台"，即中外课程教学对话、学科主题研究课、入职教师汇报课、青年教师优质课、名师研究展示课。

• 树德中学 2011—2015 年教学研讨会主题：

2011 年：高品质课堂教学的追求。

2012 年：卓越课堂：核心素养培育。

2013 年：培育创造思维，追求人文之美。

2014 年：课堂教学变革实践——翻转课堂。

2015 年：创新课程教学，引领学生成长。

• 树德中学 2010—2014 年德育研讨会主题：

2010 年：爱心与教育。

2011 年：走向卓越人生的德育力量。

2012 年：国际视野下的公民素养培育。

2013 年：责任担当塑造青年未来。

2014 年：激发心灵的力量。

• 树德中学 2010—2015 年教师暑假集中研修会主题：

2010 年：学校教育的现实图景与理想沉思。

2011 年：一流教师的追求。

2012 年：建设更美的学校。

2013 年：中学教育的追求。

2014 年：教育坚守与变革创新。

---

① [黎巴嫩] 纪伯伦：《先知》，冰心译，译林出版社，2008 年，第 97 页。

2015年：高中的超越：价值坚守与形态重塑。

(四)创建"卓越人生"课程图谱，形成育人全局

树德中学以"卓越人生"为主题，在"两个目标"(学校办学目标和学生培养目标)的引领下，聚焦"五大核心素养"(道德力、学习力、实践力、创新力、领导力)，遵循"四个原则"(面向全体学生、倡导文理兼修、注重层次与差异发展、提供多样化个性化选择)，创建"4+3"课程体系，编制学校课程图谱(如图1所示)，形成人才培养蓝图。

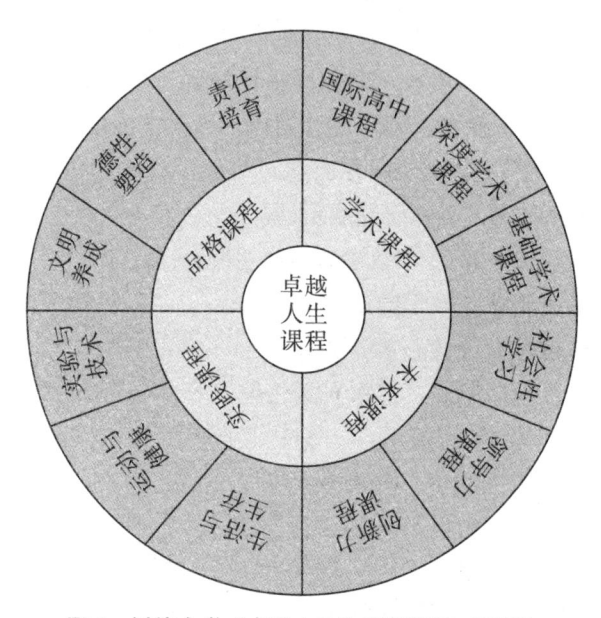

图1 树德中学"卓越人生"课程图谱(简图)

1. 以"4+3"课程体系形成育人全局

"4"指的是"品格课程、学术课程、实践课程、未来课程"等四大课程群，"3"指的是"校本必修课程、国际选修课程、跨界课程"等三大课程群。校本必修课程的七大模块是艺术、体育、阅读、社团、实践、实验、研究等，国际选修课程主要有知识理论、宏观经济学、视觉艺术、中德美澳国际交流课程等，跨界课程主要有学科融合课程、大"化"西游、手环行动课程、箱庭园艺课程等。

(1)品格课程——提升修养与灵魂。

注重学生的内心修炼，滋养学生的精神世界，提升学生的道德情操，激发学生的高远理想，弘扬学生的生命力量。

学校主要从"文明养成、德性塑造、责任培育"三个维度来创建"品格课程体系"，培养学生的健全人格和优秀品质。主要课程有卓越人生讲堂、哲学与人生、领导者如何改变世界、七大典礼、红色之旅、英才夏令营、学科融合课程（心理与美术、心理与体育、心理与音乐、心理与生物等）、箱庭园艺课程、手环行动课程等。

①文明养成与内心修炼。

我们首先要成为一个和谐、健全、饱满的生命个体，才有可能成为最好的自己。只有首先成为一个内心和谐、人格健全、心灵美好的人，才会去追求高尚卓越的品性，这也是一个人达成最高修为的先决条件与基础。伟大的教育家奥里利厄斯·奥古斯丁（Aurelius Augustine）也认为，"只有通过内心的升华才可以达到更高的人生境界"[①]。那么，如何升华内心，修养美好心灵呢？

· 培育优秀习惯和文明素养。

亚里士多德认为，道德善良来自习惯，需要得到及时的关注。人们在儿童时期形成的习惯对他们以后成为什么类型的人起着决定性的作用。因此，要及早培养儿童的良好习惯，为后期卓越的智力发展打好基础[②]。洛克认为，"道德和礼仪是有区别的"，但他强调，"美德是精神上的一种宝藏，但是使他们生出光彩的则是良好的礼仪"[③]。礼貌不是一种美德，对成人而言是模仿美德的外表，但对孩子而言确是在为美德做准备，一切美德均由礼貌而来。一切美德都不是天生的，它们的起源也不可能是某种美德。美德起源于非道德的礼仪训练，这种训练使人养成诸多待人处事的习惯。这些行为习惯，是美德的来源，也是道德教育的基础。

在树德中学，我们以"养成优良举止、恪守规则秩序、培养交往品质、注重环境卫生"为主要内容，着力培育学生的优秀习惯和文明素养。"优良举止"主要强调"文明的姿态、语言、行为等"，如语言文明，举止安静、优雅等；"恪守秩序规则"主要指"遵守法纪法规、维护公共秩序"等，要求从遵守校园规纪、交通规则，养成排队等候的良好习惯等细节做起；"培养交往品质"则强调培养"真诚、友善、礼让、尊重"等人际交往品质，从乐于倾听他人意见，待人接物真挚诚恳，自觉礼让老者、弱者、幼者及女士，尊重他人的私人

---

① 转引自［爱尔兰］弗兰克·M. 弗拉纳根：《最伟大的教育家——从苏格拉底到杜威》，卢立涛、安传达译，华东师范大学出版社，2009年，第55页。

② 转引自［爱尔兰］弗兰克·M. 弗拉纳根：《最伟大的教育家——从苏格拉底到杜威》，卢立涛、安传达译，华东师范大学出版社，2009年，第26页。

③ ［英］约翰·洛克：《教育漫话》，傅任敢译，教育科学出版社，2014年，第62页。

空间、发言权等做起;"注重环境卫生"强调从"对个人学习和生活空间的自觉整理",以及"对公共环境卫生的爱护与维护"做起。

华东政法大学傅守祥教授认为,"文明和教养是长久的、柔性的日常生活熏陶的结果,这曾是'诗教中国'中'以文化人'的精髓所在"①。所以,日常生活是文明的根基。在校园生活、家庭生活和社会生活中,学校、教师、家长对学生习惯和文明养成的教导和引领,一定要植根于生活的细节,同时还要引导学生在内心深处形成这样的自觉认识和意识:文明和教养是自身的一种内在尊严,需要在严格的自我修养和修炼中养成。

• 孕育自由、纯洁、美好的内心。

在孕育自由、纯洁、美好的内心这个主题上,树德中学尤其注重夯实"两个基础":一是艺术陶冶心灵,二是呵护心理健康。所以,我们在学校的教育实践中,十分推崇"以美育心"的德育工作策略。

艺术陶冶心灵。音乐的作用通常表现在三个方面:塑造性格、陶冶情操、消遣放松。音乐的和谐可以直达灵魂的和谐。狭义的音乐在旋律和韵律方面都能让人产生情感共鸣,是影响年轻人性格的一种精神力量;广义的音乐就是美德或人类卓越品质的激发器。正如体操有助于塑造人的形体一样,音乐有助于陶冶人的性格情操。

在不断提升学校美育教学品位与质量的基础上,学校创建"人文艺术中心"(其中有学生演艺中心、国乐排练厅、舞蹈形体室、书画室、棋艺研修室等),开设"美育讲堂",从硬件和平台上为文艺活动的丰富开展提供良好保障;以"五大艺术体育团队"(民乐团、棋社、舞蹈队、羽毛球队、跆拳道队)引领学校文艺活动的蓬勃开展;以丰富多彩的校园艺术体育活动来实现对学生心灵的陶冶。

校园文艺活动主要集中于"一歌三会一节",即"每天一歌,国庆诗歌朗诵会、'一二·九'歌咏会、新年文艺会,校园艺术节"。"校园艺术节"有五大文艺活动,即"校园歌手大赛、校园风采大赛、校园舞蹈大赛、校园书画作品交流展示会、中英文经典课本剧展演"。尤其是创新项目"中英文经典课本剧展演",融艺术、语言、历史、文学等为一体,实现对学生知识、情感、内心和精神的全方位润泽。

校园课外体育活动主要有"一会一节",即"学生体育运动会"和"校园

---

① 傅守祥:《文化正义:消费时代的文化生态与审美伦理》,上海人民出版社,2013 年,第 81 页。

体育文化节"。"学生体育运动会"主要以田径项目为主,实现100%的学生参与,个体与团队项目并重,并注重年年加入一些创新比赛项目。"校园体育文化节"则有篮球联赛、乒乓球联赛、排球联赛、足球联赛、追逐梦想体育主题晚会等。

呵护心理健康。在坚持开好心理健康教育课程的基础上,学校成立了"学生成长指导中心",并创建"一三二"心理健康教育系统来守护学生的心理健康,即"一个模式""三个载体""两个手段"。

"一个模式"即"自主心育模式"。这种以人的心理健康发展与自我完善为导向的,将基础道德教育和心理健康教育有机结合的一种新型德育,有助于完善和培育学生人格。它注重自我内省,进行自主心理构建,实现良好心理品质和道德品质的升华,使学生设身处地理解和感悟自己和他人的内心世界,增进心理互动过程,引起心理共鸣,使教育内容逐步内化为学生的心理品质。

"三个载体"即"心理剧原创与表演、校园心理协会、心灵之窗报",让学生通过这三个载体用心灵去创作、去表演、去书写,并在此过程中去寻找、表达并调适自我。

"两个手段"即"心理测量分析与干预、个体与团队心理辅导",以此促进学生不断完善自我、健全自我、引领自我。

• 塑造健全、和谐的人格。

人格成长对于一个人的发展很重要。树德中学重点强调培育学生的六大人格品质,即独立、自信、勇敢、坚持、宽容、协作。

在方式与途径上,一是表现为无时不在的化育。在课堂上,在谈话中,在交往时,在活动中,时时留心并在无形中培养学生的以上人格品质。二是注重教师人格的影响与引领。一个充满人性和人格魅力的教师,更易走进甚至震撼学生的心灵,使学生愿意跟随教师的脚步前进,愿意按照教师的教导和引领去发展自己、完善自己,这可能影响学生终身。三是注重校园文化的引领。校园、楼道、教室里的"箴言录",在内容确定上尤其注重选择与生命成长、文化修养和人格塑造相关的文字语言,优美、深刻、动人是我们选择的标准,让学生在校园里沐浴春风化雨般的浸染。

②塑造优秀的德性品质。

• 优秀德性品质的内容。

在树德中学的道德教育中,我们把优秀的德性品质界定为"三品五心"。"三品"指的是"平等、诚信、正义","五心"指的是"廉耻之心、同情之心、感恩之心、爱国之心、公正之心"。通过"三品五心"的道德教育,我校也把社会主义核心价值观深深地融入了学校道德教育的血脉。

• 培育路径：彰显学校德育活动的课程意义。

六大校园典礼。"新生入学礼、开学礼"都是"开学第一课"。我们总是要共同眺望学生的成长与发展，坚持把"理想抱负、德性品格"的塑造和提升作为人才成长的最高指向，所以每一届、每一年，我们精心讲述梦想、奋斗、礼让、诚信、正义的故事，以培养学生对美德的虔诚和向往。我们在"成人礼、毕业礼"的设计中，特别注重对学生"感恩之心"的培养：一是对父母、对师长的培育与教导的感恩，这样的时刻，最刻骨铭心；二是对携手共同成长的同伴的感谢，在惜别之际，这种领悟尤为深刻。还有"升旗礼、五四表彰礼"，理想信念教育、爱国主义教育、杰出榜样教育、同理心教育等都在这里得到最为生动的展开。

每年坚持开展"树德之星"评选，除了那些在学业成绩、艺术、体育等方面表现斐然的学生，学校还对在攻坚克难、社区服务、社会实践、孝敬父母、信守承诺等方面表现突出的学生予以隆重表彰，以此弘扬品格之价值，树立行为之榜样。在每年的校运会上，设立学生裁判员和学生仲裁委员会，处理争议性裁决，为培养其公平正义的品质打下良好基础。在学生违规违纪问题上，成立学生磋商处理委员会，在问题的分析、磋商、处理的过程中培养规则意识、纪律意识以及自我约束与控制能力，这也是自我教育的重要组成部分。

③培育理想信念和责任担当。

一个人心性、人格优良，则为他修养美德品质打下很好的基础，心性、人格与品格俱佳的人，最有可能成为一个有理想、有担当的人。但是，我们要培养有大理想、勇担当的人，还必须进一步升华其人生追求。在中国转型发展的关键时期，在中华民族伟大复兴的历史征途上，我们迫切需要这些最可贵的品质：勇于负责、勇于追梦、勇于担当。

勇于负责——培育一个人未来的高远理想和担当精神，必须从小做起，必须从对自己负责、对集体或团队负责做起。我们主要从以下三个方面培养学生勇于负责的精神：一是珍惜生命、热爱生活，二是对自我负责（对学业负责、对人生负责），三是对集体或团队（班级、家庭和学校）负责。

勇于追梦——培育远大的理想抱负和坚定的人生信念。这种理想信念绝非仅仅停留于个人价值的实现，更追求造福国家与民族，服务社会与人群。

勇于担当——是一种豪气和精神力，是一种崇高的人格品质，更是一种脚踏实地、矢志不渝的行动力。

为培养学生勇于负责、勇于追梦、勇于担当的精神，树德中学创建了系列课程活动，在实践中塑造精神。

教导勇于负责的课程与活动：生命与生活教育、学业质量承诺、校园之星评选、校园值周等。培育理想抱负的课程与活动：生涯规划课程、卓越人生讲堂、领导者如何改变世界、红色之旅、英才夏令营、国家纪念日系列主题活动等。塑造担当本领的课程与活动：树德学子年度论坛、演讲会（即兴演讲赛、国旗下演讲等）、高中生辩论赛、模拟联合国、校园两会（学校发展学生建议委员会、学生仲裁委员会，主要探索校园公共事务的学生治理）等。

附：树德中学校本课程——"卓越人生讲堂"介绍

学校开设校本课程——"卓越人生讲堂"，邀请社会各领域的杰出人士、领军人物主讲他们的人生故事，分享他们的知识智慧、思想气度、人生追求、精神风采和杰出成就。所以，该课程是一门人生学习与教育的课程，是一门塑造学生责任与梦想的课程。"卓越人生"指向当下，更指向于未来，其价值起点是激发每一个学生向上、向善的强烈愿望，努力使自己学习、奋斗与追求的过程"卓越化"，从而不断超越眼前、超越自己，获得最大的进步、最好的发展。同时，让学生从中感悟成功人生、杰出人生必须具备的素养与品质、精神与信念，为学生的成长打开视野，厘清方向，为学生坚定不移地奋斗与追求、成长与发展注入不竭动力。

课程目标：

（1）鼓舞学生立大志、成大器，培养学生的领袖素养，为学生成为未来社会的卓越人才打下坚实基础。

（2）引领学生实现从知识到思想、从精神到人格、从道德到信念的"完整"成长。

（3）鼓励学生追求当下学习与成长过程的卓越，更要望眼未来人生的卓越，通过今天的不懈追求和非凡努力为明天的卓越人生奠基。

主讲嘉宾举例：

赵尔宓——树德校友，中国科学院院士，两栖爬行动物专家。讲述少年时的梦想、科学探索路上的艰辛与执着、求真路上的严谨与坚守、因被误解两度落选院士的面对等。

魏明伦——当代著名戏剧家、辞赋作家，中国戏剧最高奖梅花奖得主。9岁走上戏剧舞台，从最底层的旦角做起，成为一代名家。

阿来——著名作家，中国作家协会副主席，代表作《尘埃落定》获第五届茅盾文学奖。阿来十多岁时是一名草原拖拉机手，满怀对生活的信心、对文学的梦想和热爱，一路走来。《尘埃落定》刚完成时，没有出版社愿意出版，但他毫不气馁，坚信文学界有一天会接受这样的创作理念与方法。

(2) 学术课程（如图2所示）——精进知识学问。

注重夯实学生的知识基础，着力培养其学科核心素养，提升学生的学习力，并努力为学有余力、在未来有研究高精学术之志向的学生打开探索之门。

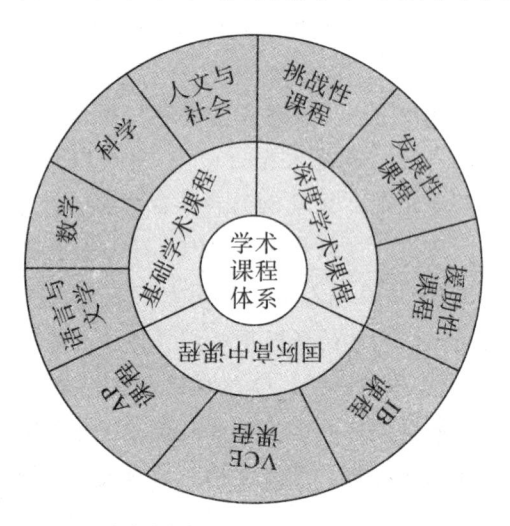

图2 成都树德中学学术课程体系（简图）

①基础学术课程：涵盖语言与文学、数学、科学、人文与社会四大领域，主要为学业水平测试及高考科目。

②深度学术课程：体现学生的分层发展。

• 挑战性课程：面向资优生的课程，以中国大学先修课程（CAP）、学科竞赛课程、科技创新课程、高等研究性学习课程四大类课程为主，包含数学、物理、化学、生物、信息技术、环境地图制作等十余门课程。CAP课程主要有微积分、物理力学、文学与写作、通用学术英语等。同时提供参与全国中学生财经素养大赛、国际数学竞赛（欧几里得数学竞赛等）、金融商赛等的机会。

• 发展性课程：面向中等生的数学、物理、化学等发展性课程。

• 援助性课程：面向学困生的各学科辅导性课程等。

③国际高中课程（26门）。

• IB国际高中课程12门：中文、物理、生物、化学、地理、经济学、数学、英语、视觉艺术、知识理论、拓展论文、创新行动与服务。

• VCE国际高中课程6门：英语、数学方法、专家级数学、化学、物理、中文。

• 美国大学先修课程（AP）8门：微积分、宏观经济学、微观经济学、物理B、物理C、化学、统计学、世界史。

（3）实践课程——养成实践技能。

注重培养学生的生活能力、生存能力、观察能力、动手能力等。

①生活与生存：交往的艺术、烹调、游泳、逃生、急救等。

②运动与健康：太极、跆拳道、羽毛球、棋类等。

③实验与技术：国家课程中的技术课程＋机器人比赛、海模、航模、电脑动画制作、电子控制与技术、影视后期制作等。

（4）未来课程——培育卓越素养。

引领学生关注未来和国际发展趋势，着力培养学生的创新品质、关键能力与组织领导力。

①创新力课程：设置知识与视野、艺术与审美、思维与创造三大模块，主要课程及活动：知识理论、人文社科讲堂、科学讲堂、美育讲堂、视觉艺术、融合课程、大"化"西游等。

②领导力课程：突出三个方向，开发领袖课程、树立科学榜样、提供领导机会。主要课程及活动：生涯规划、社团演义、学生论坛、学生领袖峰会、领导者如何改变世界、高中生辩论赛、高中生演讲赛、红色之旅、树德之星评选等。

③社会性学习课程：国家课程中的相关部分，主要包含社区服务和社会实践，主要有"假日综合实践活动"（包括社区服务、社会调查、社会实践等）、"爱心之旅系列活动"。

2. 创建高品质平台，优化学生成长支持系统

（1）成立一个"英才学院"，探索卓越人才早期培养。从2010年起，学校制订英才计划，形成培养拔尖创新人才行动方案，通过自主申报、教师推荐、学校面试与测试"三关"，每年从四个领域（语言文学、艺术体育、科学工程、组织领导）遴选近百名学生，实施专门培养。从2014年起，在高一年级组建英才班，从人才遴选、课程改造、分类教学等方面探索英才培养。

（2）共建"人文、科学、实践三大基地"，开阔学生视野，砥砺学生成长。学校和五大城市博物院、省内外著名高校、科研院所、高新技术企业共建"人文、科学、实践"三大基地，开阔学生视野，为学生发现自我、开发出真正的兴趣和特长提供广阔的空间。

（3）创立"三大国际交流平台"。学校和德国博伊尔高级中学、美国菲尼

克斯中央高中、澳大利亚黑利伯瑞高中等三所著名海外高中建立交流互访机制，每年互派教师学生进行文化交流、项目研究、学术探讨等。

（4）开设"五大讲堂"，引领学生与大师同行。"五大讲堂"即卓越人生讲堂、科学讲堂、人文社科讲堂、美育讲堂、国学讲堂。

（5）创建"六大中心"，支持学生自主学习研究与探索实践。"六大中心"即人文艺术中心、阅读研究中心、成长指导中心、科技实验中心、工程体验中心、信息智能中心。

3. 实践四大新学习制度，助推学生个性化发展

（1）实施分层分类走班制度。学生根据自己的知识能力基础、兴趣爱好特长、可能性发展方向等选择课程进行修习。

（2）实施双导师制。学生经过自主研修，在某一方面获得了一定的创新基础后，学校实行双导师制——实行大学教师与校内教师共同指导的制度。给学生提供优质的智力支持与帮助，使学生跳出孤立的个人兴趣圈，实现更高水平的个性化发展。

（3）实施课题研究制。学生个人或团队明确探索与研究方向，进行为期2~3年的专门领域的研究与创造。学校给予经费与设备等方面的支持。

（4）实施"免课、免考、免修"三免制度。学校为有个性化发展需求的学生的自由探索创造时空条件。

（5）着力推进学生综合素质评价改革。

制定《树德中学学生成长手册》，记录学生成长轨迹，坚持向高校推荐特长突出的学生。

（五）学科教学充分彰显卓育英才的力量

近年来，我们把学校课堂教学研究和创新主题确定为"培育创造思维，追求人文之美"，以最大的热情和努力去追求课堂教学的思想价值、创造活力和审美意义。

学校提出，要努力创建"尊重（人格、差异、独立见解）、相信（每一个学生的成长都充满无限可能）、发现（每一个学生的特长、禀赋或是潜能）、宽容（失误乃至错误）"的课堂文化，让课堂成为爱心、个性和知识之美交织的场域。

"求知欲、学习法、思考力"是我们课堂教学追求的核心素养。在这样的目标引领下，我们通过"主体唤起、个性支持"激扬并呵护学生的学习兴趣，竭力成就每一个学生；通过发展学生的质疑精神和批判性思维孕育学生的独特

见解；以"求真与勇气"为主题塑造学生的学习精神；以"分析、处理和解决问题"为核心培养学生的学习方法和实践能力。

结语

"卓越人生教育"是对"立德树人"教育使命的自觉领悟和主动实践，它首先指向"人才培养信念"的优化、教育思想的升华，并以此驱动开放、完整、优良教育生态的形成。同时，紧紧抓住教育的核心和本质，努力设计出视野开阔、格局远大，面向每一个孩子、面向每一个孩子的全部，能激发和调动孩子最大动力和优势潜能的教育实践体系，以此来成就每一个生命的持续发展和卓越成长。这样的追求，我们才刚刚起步！未来，我们将进一步加大课程改造、分类实施的力度，创建更加灵活的教学组织形式，以及更适合学生发展的各种制度，让每一个学生各得其所！

附件：成都树德中学 2010—2015 年课程教学改革创新成果及其他

（1）《"卓越人生"教育意蕴及策略》发表在《中国教育学刊》2012 年第 8 期。作者：陈东永、李红鸣、郭子其。

（2）《传承学校文化，提升学校课程品质》发表在《基础教育参考》2012 年第 11 期。作者：陈东永、李红鸣、郭子其。

（3）《眺望卓越人生的学校课程建设》发表在《教育科学论坛》2015 年第 2 期。作者：陈东永。

（4）《基于每位学生充分发展的学校课程创生设计——以成都树德中学"卓越人生"教育学校课程建设为例》发表在《课程·教材·教法》2015 年第 8 期。作者：陈东永、李红鸣、郭子其。

（5）2012 年学校课题"基于英才计划的拔尖创新人才培养研究"获"成都市教育科研重大课题"立项，树德中学成为成都市探索拔尖创新人才早期培养的牵头学校。

（6）2015 年，学校课题"分类＋分层：差异取向的高中校本化课程研究"获"四川省普教科研重点课题"立项。

（7）2010 年，被确定为教育部在四川省的首批探索拔尖创新人才培养试点学校。

（8）2011 年，学校成为中国西部第一所引进 IB 国际高中课程的公立高中。

（9）2012 年，国家教育咨询委员会专家、科技部原部长徐冠华院士，中国科学院数学研究所原所长杨乐院士等一行到树德中学调研拔尖创新人才早期培养，给予学校高度评价。

（10）2013 年，学校以优异的成绩被评为四川省首批一级示范性高中。

（11）2014 年，成都树德中学成为全国首批中国大学先修课程试点学校，是成都市唯一入选的公立高中。

（12）2014 年 12 月，在西南大学附属中学举办的"中国知名高中校长高峰论坛"上，陈东永校长作《眺望卓越人生的学校课程建设》主题演讲。

（13）2015 年 5 月，中国教育学会高中专业委员会在湖南师范大学附属中学举办"中国高中教育发展论坛"，陈东永校长在论坛上作《高中的超越：价值坚守与形态重塑》主题演讲。

（14）"把创造还给教师　让教师在研究状态下工作——'研训一体'促进教师专业发展的研究与实践"2010 年获教育部基础教育课程改革教学研究成果三等奖。

追寻自己的路

——2019年6月高三毕业典礼演讲

老师们、家长朋友们：

大家好！

高三的同学们，祝贺你们，高中毕业了！

三年，时光飞逝。驻足回首，在树德寂静的校园中，还有哪些画面仍在你们的记忆里翻涌？是图书馆里的那一只猫、那一架书、那一盏灯？你们和书籍的情感，就定格在这些事物里，构成了你们精神世界的重要支点。或是在体育馆、歌舞剧院的中英文剧表演，以及学生活动中心的"榕树奖"微电影节？在艺术化的生活形式里，你们感知世界与人生，滋养真善美的情感。或是成人礼上走过的红毯、模拟联合国大会上的陈词、科技创新大赛的展示、篮球场上的分享？还有，你们课余在艺术楼大厅留下的钢琴声、在流水亭和大榕树下与同学的交流与讨论、在校园里和同学老师的每一次漫步、生涯规划课程的校外考察，甚至是一诊考试后在学生公寓被窝里流下的眼泪，都已经化为你们的心灵养料，浸润着你们年轻的生命，成为你们真正意义上的人生基础。或许，这些少年时代的点点滴滴，会在某个时刻点亮你们人生的某一个阶段。

今天，当你们走向大千世界，踏上未来的路，我想送一句话给你们，这也是我今天演讲的主题：追寻自己的路。

追寻自己的路，要做到不失童心。丰子恺先生讲，我们虽然由儿童变成大人，然而我们这心灵是始终一贯的心灵，即依然是儿时的心灵，只不过经过许久的压抑，所有的怒放的、炽热的感情的萌芽，屡被折磨，不敢再发生罢了。这种感情的根，依旧深深地伏在做大人后的我们的心灵中[1]。永不泯灭的童心，是纯洁无瑕、天真烂漫的真心，也是一片赤子之心。童心就是一种人生"趣味"，认识千古大谜的宇宙与人生的，得到人生最高愉悦的便是这个心。拥有童心的人，永远不会成为现世的奴隶。

---

[1] 丰子恺：《简单甚好》，北京联合出版公司，2023年，第225页。

追寻自己的路,是要你成为你自己,而不是成为他人。人生最大的痛苦,不是因为你成了自己,而是因为你太想成为他人。所以,要学会选择适合自己的方向,并勇敢地、义无反顾地走下去!没有攀比,没有懊悔,只有热爱和一往无前!走得越远,前方就会越开阔,世界就会更美妙。大家都知道,纪伯伦有一句名言,"我们走得太远,以至于忘记了为何出发"[①]。其实,我更愿意送给你们另一句话:为何我们走得不远,是因为我们不知道为何出发。

追寻自己的路,要努力追求最好的未来。追求最好的未来,就是要心怀憧憬和梦想,在平凡的生活里拥有超越平凡、追求卓越的勇气,保持豁达、乐观和坚韧。当你的人生履历中写下了"树德中学"四个字,就注定你不能成为一个随波逐流、自甘平庸的人。追寻自己的路,也要学会拥抱世界、聆听他人,只有在这样的心态下、在这样的过程中,你们才能够不断去完善自我、成就更好的自我。

同学们,追寻自己的路,你们永远不会独行。人生走过的每一个脚印,你曾洒下的每一滴汗水,你在人群之中的每一次遇见,都会化为生命的力量,与你一路同行。

最后,让我们再次用掌声感谢你们的父母和全体老师,感谢三年来他们的默默守候和无言之爱!感谢高中时代的同窗好友,永远不会独行的生命旅程里,其中一份最年轻的力量,就来自他们!

再次祝福你们,年轻的校友,未来在向你们召唤,未来属于你们!而我们,依然在这里,守望你们最好的明天!

---

① [黎巴嫩]纪伯伦:《先知》,冰心译,译林出版社,2008年,第141页。

知识·深刻·勇气

——2018年6月高三毕业典礼演讲

老师们、家长朋友们、同学们：

上午好！

首先要祝贺同学们高中毕业，即将开始大学的生活！要感谢你们的父母、感谢高三的全体教师，并向他们致以最崇高的敬意！他们的爱、热忱和奉献，让你们的高中生活充满了期待和光明。

毕业意味着什么呢？

毕业是一次告别，是又一次深情的回首。和老师、同学相处的故事再次涌上心头，让我们领悟爱、友谊、感恩和珍惜，这是生命里最朴素、最珍贵的情感，它让我们成为一个真实、温暖、充满力量的人。告别时，作为校长，我也在想，树德中学到底给予了你们什么？坦诚地讲，既有成就，也有遗憾，但是"树德"两个字才是你们最宝贵的财富。三年时光，或多或少，或深或浅，在树德的校园里，你们习得了友爱、善良、同情、公正、奉献等这些优秀的品质，在未来的人生路上，这些优秀的品质一定会徐徐散发独特的光辉，让你们更好地前行。

毕业，意味着又一次新的起航。未来的路，也许不再有父母、班主任和科任教师无微不至的关怀，因为你们已经18岁。你们还将在大千世界中继续寻找和发现自己，并选择未来的路。但请记住，成功没有固定的模式。那么，关于人的发展，这个世界是否具有一些共识呢？当然有的。

一是要不断学习，终身学习，成为一个脚踏实地、勤奋执着、拥有足够知识的人。进入大学了，要致力于追求真正的知识，这是我们认识世界、人生行走的基础。历史、哲学从时间和深度两个方向梳理世界，文学、艺术滋养人的自由心灵，我们要努力成为一个具有历史理性、如哲学般深邃的人，同时也要在文学艺术的陶冶和启发下保持对这个世界的情感、兴趣和灵敏。

二是要努力训练自己的思辨能力和表达能力，成为一个具有独立意志的人。这是学校教育和自我教育最不能缺乏的信仰。要把自身的知识、经验、思考带入每一个新的学习场景，在交汇碰撞的过程中培养批判质疑的意识、勇气和能力。还要积极参与公共生活和社会生活，这是人生的"第二所大学"，且无比漫长，但它最能训练人的"独立性"。还要交朋友，获取"最深刻的影响"。美国一位社会学家对大量不同类型的人士进行追踪研究发现，一个人的财富是他最亲密的5个朋友的平均数。

三是要在精神上做一个自信、坚韧、挺拔的人。人的价值在于从"更加完美和卓越"的维度去塑造自我，改变世界。但这注定是一个十分艰难的过程，必须在精神和信念上做好准备。乔布斯30岁时被自己创立的公司解雇，这对不少人来讲，也许是毁灭性的打击。但是他最终走了出来，因为他有这样的认识：成功者的负担重新被初学者的轻快取代，对任何事情都不具有把握，它解放了我，让我重新进入人生又一个最具创造力的时期。人生会有坎坎坷坷、起起落落，所以，要学会平静地接受每一个奋斗的结果，只要你依然拥有绝不向命运低头的勇气，你依然热爱这个世界，新的局面一定会打开。

年轻的校友，你们即将走出中学校园，开始又一个阶段的奋斗和追求，这也是一个又一个新的树德故事的开始，我们为此而骄傲和自豪！在教师的生命里，除了亲人，学生是最重要的存在，我们对学生的爱与牵挂，会贯穿一生。最后，让我和老师们一起，再次祝福你们，祝你们昂首阔步，走向明天，创造美好未来！

谢谢大家！

精彩的生命往往都有一个艰难的开始

——2017 年 6 月高三毕业典礼演讲

老师们、家长朋友们、同学们：

大家好！

每年的此时，不同年代的老师们、家长们可能都会不经意地去回望自己的高中。当我们那一代人，20 世纪 80 年代高中毕业，离开家，走向大学的时候，我们总是对父母充满了牵挂。因为我们再也不能每周都回家帮父母分担家务了，年事渐高的父母要供养几个孩子，甚至是几个大学生，生活中还要付出更多的辛劳。我们发奋学习，期盼着以最好的成绩毕业，谋求一份稳定的工作，尽快从父母肩上接过担子，去撑起这个家。这份情感今天依然时时激荡我们的内心，永不消逝！今天的你们，离开家的时候，父母对你们充满了牵挂：是否知冷暖？能否与同学融洽相处？能否独立面对那些可能的困难和挑战？今天的你们，生活的世界真是大不一样了，在你们的内心深处，是否仍有一种不变的信念和情感在流淌？是否仍有一种力量在精神深处激励着你们更好地前行？

十八岁的你们，已经成年。但是，真正的生活对于你们来说远未展开。因为一直以来，你们都是生活的分享者，你们还未在生活的艰辛、复杂与荣耀中领略人生。你们未来的人生道路有不确定性，会有不可预见的惊喜，更会有挑战。不要久久纠结于考上一个什么样的大学，你们应该思考更大、更远的问题，那就是我们应当成为一个怎样的人，才能适应不断变化的世界。

第一，追求知识，建设更好的自我和永远的心灵。

大学，是一个人知识积累最重要的阶段，也是人生最重要的基础之一。你们既要在通识教育的体系中不断完善对美德、理性、良知和批判思维的培养，也要在自己的专业领域深度学习，不断追问，尽最大努力追求更高的学业成就，为创造未来打下坚实的基础。

要坚持人文阅读，建设心灵。陈平原先生讲，那些渊博的、玄妙的人文学，比如文学、史学、哲学、宗教、伦理、艺术等，是整个人类文明的"压舱石"。行船的人都知道，出海必有"压舱石"，否则很容易翻船①。阅读何以能够"压舱"？我认为，是在于它对一个人气质、心灵、精神的滋养、修复和提升，在于它能帮助我们建设一个富有力量的内心世界，使得我们在平凡的生活里，或风云激荡的岁月中保持积极、从容与坚定。同时，人类最深刻的思想汇聚在那些永不落架的书籍里，高质量的人文阅读使得我们更好地去认识个人、社会、人类、世界之间基本关系，使得我们更好地在现实生活中立足，更加懂得如何成为一个更好的人。在人生关头或艰难时刻，如何抉择，如何迈过，答案或许就在这些书籍里。

第二，热爱生活，追求更高的生命质量。

生活是一本毕生要读的书。我们需要去感知和触摸世间万物，它们的丰富、美、伟大，或者缺陷与危机，都是我们对这个世界保持兴趣的理由。我们对生命的热爱，对人性的认识，美好情感的生长，对这个世界的责任，都源于生活的陶冶。生活中要和优秀的人交往。他们本身就是一本书，他们与这个世界相处的人格、智慧和风度，不仅具有吸引力，更具示范意义和启迪价值，引领我们走向人生更高的平台。也要和苦难的人交往。在一个富足、自在的时代里，人们难以理解苦难对于人生和心灵的意义，这种缺失可能会使得人们在观察世界、融入社会、投入生活时，少了一些深刻、灵敏和忧伤的情感。苦难者挣扎着奋斗的生活，不仅有助于我们洗礼灵魂，变得开阔和坚韧，更有助于削减我们心中无尽的欲望，思索一个公民的责任：我能够为这个世界做点什么？

要养成运动和锻炼的习惯，强身健体、舒缓压力、愉悦身心，健康的身心是我们幸福生活的基础。也要与物质和名利保持适度的距离，只有如此，我们才能最大限度地接近生活的本质，塑造独立人格、拥有自由心灵，在真正意义上实现自我成长。

生活没有边界，你们需要走出校园，从书本走向生活，走向社会，走向乐苦交织的现实。耶鲁大学校长彼得·沙洛维（Peter Salovery）说，我对青年一代的建议是，尽可能保持开放的姿态，去学习新事物，认识新的与自己不同的人，去探索与所熟悉的领域相去甚远的世界。我想这是最重要的事情：向"意料之外"打开自己②。

---

① 本书编委会：《中央国家机关"强素质 作表率"读书活动主题讲坛周年读本（4）》，中国书籍出版社，2014年，第252页。

② 蔡梦吟、张国：《十问耶鲁大学校长》，《中国青年报》，2017年3月22日第10版。

第三，永葆信念，做一个永远的乐观主义者。

精彩的生命往往都有一个艰难的开始，若对人生有期许，就要成为一个永远的乐观主义者。其实，一个人在失败中学到的东西是最多的，俗话说"吃一堑，长一智"嘛。很多人其实在许多次失败后，已经最大限度地接近成功了，但是，由于缺乏坚持，缺乏坚定的自我信念，最终没有走过黎明前最后的黑暗，遗憾地与成功擦肩而过。我们应当始终坚信，坚持是最有力的人生姿态。这种精神风采，不仅可以点燃自己，鼓舞他人，还可照亮世界。坚持者必有所获，必有所得。

最后，再次祝福你们，年轻的校友！用智慧和热血去投入生活，拥抱世界，创造未来吧！感谢你们，各位家长、各位老师，你们的无私奉献，默默守候，我和孩子们都将永远铭记！

谢谢大家！

高中教育：比较视野下的追求

——2017年3月在中国·西部国际高中教育发展论坛上的演讲

尊敬的各位嘉宾、各位同仁：

首先，我谨代表树德中学全体师生，对各位的光临表示热烈欢迎。

树德中学于2002年与华樱教育集团共同成立国际部，创办国际高中，2004年开设澳大利亚维多利亚州大学预科课程，2012年获得国际文凭组织IB课程的正式授权。到目前为止，已有15届毕业生，2000多名学生从这里走向全球名校接受高等教育。

近几年来，我们也在思考这样一个问题：国际课程和国内课程不能只是两个独立存在的体系，因为它们都指向人的培养，所以，它们应该有融合，有统整，更应该有对话，并在这个过程中相互启迪，让育人的过程更美，育人的质量更优。

因此，树德中学也做了一些有益的探索。比如，课程设计：在学校的整体课程体系里，校本选修课程中有一个模块——国际选修课程。理念与实践：教师暑假培训有一个模块是由国际部的教师主讲国际课程的教学实践。沟通与交流：举办中外课程教学对话（首先是语言学科）。

那么，我们所有的努力和探索是为了什么？

我们是这样认为的：不同文化背景中的教育实践，都在不断从内容宽度、教学方式、考核评价、价值追求等方面探索、变革、创新，都旨在培养出我们期待的"人"，除了生命、心理、生理上的合格，我们更希望看到非凡的思想、智慧和灵魂在教育过程中孕育而成。

因此，我今天发言的题目是"高中教育：比较视野下的追求"，主要从以下三个方面做交流。

一、课程设计：尊重差异发展

中外高中教育都会面对这样的教学现实：个性的差异、兴趣的差异、发展水平的差异等。那么，我们如何尊重这些差异，并让学生各得其所地发展呢？

课程设计：以 IB 为例，它的课程体系由六个学科组和三个核心课程组成。六个学科组，不是六门学科。比如人文学科组可以选择经济、商管、历史、地理、哲学、心理学等，实验学科组可以选择生物、物理或者化学，艺术学科组可以选择视觉艺术、戏剧、音乐、电影等。

课程实施：学生选定这些学科后还要进行学习级别的确认，如高级水平和标准水平。不同学习级别的总学时不一样，难度也不一样。

学生选课的标准，可以基于自己将来希望从事的职业方向，可以基于自己的兴趣，也可以基于自己的学习水平。也就是说，以学生自己的意愿出发，在真正意义上赋予学生自主选择权。比如一个学生将来想从事管理或者传媒类工作，选择标准水平的数学已经够用。以后要去读数学系，或者统计、金融、计算机类专业的学生则可以去选择更高标准的数学学习。这就是正视差异，允许它存在，并且根据差异去设计课程、实施教学，实现每一个学生的充分发展。

二、教学实践：突显思维生长

国内高中课程教学的不足有学科本位、重知识传授、忽略思维发展。要规避这些不足，就需要引入突显思维成长的教学实践模式：

增加国际课程供给。IB 课程里面的核心课 TOK（Theory Of Knowledge，知识理论）作为一门学生必修的跨学科课程，能促使学生去思考什么是知识，去质疑"真理"，甚至否定自己固有的思维方式，让学生体察所有知识都是融会贯通的，从而防止主观臆断和偏见。

改善教学方式与评价标准。国际课程中不论是 IB 中文还是 VCE 中文，其教学评价标准都是"言之有理即可"，并非观点的正确与否。此外，它们还加入了正式的口试，分为独立完成的深度评论和合作完成的小组创意展示。这个过程需要学生带着质疑和剖析的眼光去看待各种现象，而教师则鼓励学生合理质疑，不以犯错或者被问倒为耻，而是为接收到新鲜观点的输入感到振奋。在这个过程中学生会更理性、辩证地认识什么是"知识"，明白教师传授的不是绝对真理，对真理的求索永远在路上。思考、思维、思想的训练也就蕴含在课堂教学之中。

调整考核机制与系统。中国高中教育的考核，多数在两三天内完成。在国际课程体制内，也有重要考核，如 AP 统考，IB、VCE 高考，其中有的考核时间可达两三周，但是高考的成绩只占自己最终成绩的 70% 或 50%。除去卷面考核，很大一部分成绩来源于高中三年的学习，在对每个学科形成自己的理解基础上，最后写出的论文和口头汇报展示（presentation）：自然学科组的学生自己设计的实验，社会学科组学生自己实施的社会调查，艺术学科组的学生自己办的画展。这不仅仅是书面知识的、内容单一的考核，而是一个周期较长、内容多维的考核。

三、最高价值：建设心灵

现代知识教学存在的种种异化现象，不是由知识本身造成的，而是因为知识教学的教育哲学排除了受教育者本真的心灵，而将其当成知识流水线上的"物化对象"。正是由于教育者对知识的过度崇拜与片面理解，知识主导了教学过程，进而消解了教书育人的根基。

我们认为，人生的行走，应该首先有一种心灵上的准备，其次才是眼光、才能、智慧的问题。

人的生存包含着两个维度，即事实世界和意义世界。人不仅要适应现实，更要作为超越性存在不断地追求可能的生活。对这种可能性的追求正体现了"人是寻求意义的生物"。

这是全球教育面临的共同课题：建设心灵。

在解决国家与民族争端、气候变暖、大气污染、空间站建设等方面仅仅依靠一个国家不行，必须合作，各国领导人是否愿意，也取决于他们的心灵。

谢谢大家！

优化教育生态，促进学生发展

——2015 年 12 月民进中央教育委员会、中国教育学会高中教育专业委员会基础教育改革座谈会上的发言（北京市第十二中学）

现代学校是一个复杂的系统，其中，创建优良的教育生态应当成为重中之重。学校教育生态，涵盖一所学校的文化信念、育人追求、培养体系、发展制度、管理法则等，其"文化性""人本性""先进性"和"优质度"如何，对学生的全面发展和个性成长起着至关重要的作用。学校教育生态系统的形成，需要学校自身的不懈努力，也需要社会、家庭、政府等层面的共同创建。

一、塑造优良的文化信念：着力改善"人心"

教育改革创新推动的难度为何非同一般？这固然与改革的"综合性"有关，但我们必须深刻意识到，"人心难变"也是改革创新难以迅速进步的重要原因。

"文化信念"在学校教育发展中居于统摄地位，因为它是教育的思想灵魂和精神脊梁，"人心"则是"文化信念"的核心。"人心"即关于教育的信念、信仰、追求和价值立场等，它直接决定着我们选择什么样的理念、方法和手段去面对学生、教化学生和培养学生。"人心"主要存在于管理部门、学校、家庭和社会之中。那么，我们要改变教育中的"人心"，首先应当从哪里做起呢？应当从家庭和学校做起。

（一）家庭：改变成人成才的逻辑

看看周末、寒暑假等节假日，从小学生、初中生到高中生，他们是这个世界最忙碌的人群。学校放假了，但家长不想让他们放假，给他们报了令他们应接不暇的补习班，希望把某些学科的分数提上去。学生奔波在补习学校之间，埋头在题海训练里，压抑着自己对体育的热情、对山水的向往，也没有时间坐下来独自冥想、静静阅读。为什么长期以来这样的现象难以消绝？是因为在很多家庭、不少家长的意识里潜藏着这样的一条"成才逻辑"：好分数—好大学—好工作—好人生。

这样的逻辑有问题吗？当然有！尽管许多优秀的人甚至是杰出人才、成功人士，确实曾经考过好分数，上过好大学，但是他们成功背后最有价值的原因恐怕应该是他们的品性、人格、勇气、意志、不甘平庸的精神等，而不是那个干巴巴的分数。人们总喜欢去看表面，不去追求真正的因果和逻辑。学校要通过家长学校、家长课堂、家长会等途径，和家长进行经常性的、有效的沟通和交流，积极地去影响家长。家长要站在更高的层面，以更长远的眼光，或者说面向未来的眼光去思考孩子的成长和发展，全力支持学校教育的改革创新，鼓励学生从生活、艺术、运动、阅读、大自然中得到陶冶，重视培养学生的优良品性和自由心灵，着力发现学生的潜质禀赋，挖掘学生的兴趣特长，促进学生全面发展和个性成长。

（二）学校：优化育人理念，提升育人水准

为什么诸多学校对升学率的追求热度难减？这种趋势的弊端难道人们真的不懂、真的不知？当然不是！是因为分数、升学率可以带来暂时的功名，可以成为暂时炫耀的资本，尽管它不可能等同于学生的前程和未来。除了教育的评价制度、发展环境和社会心理要努力回归理性、自然与平和，学校首先要在育人理念上做到对生命负责，对学生的未来负责。

1. 增强校长的责任感与使命感

一所学校的校长，必须成为一个有教育良知的人，这份良知首先来源于他心中的责任与使命。

我们的校长任职任命往往就是一纸文件，因为是一种行政上的赋予，它可能就变成了一种"官"，也许就会带来校长更看重"对上"，而不是一心一意"对下（尤其是对学生）"的心态。我们的任职文件里是看不出校长的责任和荣耀的，让我们来看看新加坡的校长委任状吧——"你的手中是许许多多正在成长中的生命，每一个都如此不同，每一个都如此重要，全部对未来充满憧憬和梦想，他们都依赖你的指引、塑造和培育，才能成为最好的个人和有用的公民"。这是一种何等的责任和荣耀！任何一个手捧委任状的校长，看到这样滚烫的文字，内心怎不会升腾起一份光荣与梦想、责任和担当？新入职的教师、新任职的校长、一所新矗立起来的学校，在履新之时，在诞生之时，是否还应该有一份对学生、对家长、对社会、对公众的承诺，是否还应该接受一份沉甸甸的嘱托？

2. 教师的育人追求：在阅读中提升

书籍是人类进步的阶梯，阅读是最好的灵魂洗礼。要想提升教师的育人追求，阅读是最好的方式。一名教师，若不能领悟阅读的美妙，就无法修炼内心和灵魂，也难以滋养出超凡的智慧和优雅的气度，当然，更难以教养出自由、聪慧、富有创造精神的学生。树德中学推进教师阅读，首先从"劝读—推荐—分享"做起。就其中的"劝读"而言，我们曾经推荐过几篇精美之文，让教师感受阅读的美和力量，从而自觉走近阅读。我们希望通过经年累月的阅读，促使教师在知识信念、文化修养、精神操守等方面不断进步，不断升华其思想境界和育人追求。

二、机制与制度设计：注重激发"人"的活力

在教育改革创新的谋划中，我们往往会陷入一种"静态"的思考，疏于通过先进机制与制度的设计，来关照"人"这个改革创新中的主体，通过激发人的活力来催生出更大的教育进步。那么，在学校发展制度的设计里，要考量哪些因素呢？至少有两点是值得我们去思考的。

一是如何激发学校的办学活力。是否可以取消中小学校的行政级别，重建一套更加开放的管理和评价体系，来减轻政府管理的负担和学校被管的负担，进一步增强学校办学的开放度、激发学校自身的办学活力，从而增强学校的责任感和使命感？不然，学校总是无法避开会议太多、检查太多、评比太多、管压太多的情况。在这样的管理体系下，学校自身办学的主动性和紧迫感还是极其不够的。

二是如何进一步调动教师的积极性。一是要让教师参与教育改革设计，并成为推动教育改革创新的自觉力量和主体力量。我们在教育改革发展设计的过程中，考量得最多的是学生，这当然没错。但我们实在没有怎么去考虑教师，没有他们的积极参与，教师也从来都是执行"他人"制定的改革方案，改革怎么不会推进艰难。二是要更加尊重和关怀教师。现在普遍对教师的要求多、关怀少，这是我们必须高度重视的问题，这将会给教育带来不可估量的影响。如果我们要想每一个学生都得到教师的充分关怀，那么我们必须首先要让教师感到自己也在被关怀。三是要重视先进制度的设计，激发教师的创造力。不管是个人还是一所学校，干得好与不好、办得好与不好几乎是同一个样，这是当前的普遍状况。这该如何改变？我们现在虽然也有评优、晋级、表彰等制度，但是这一套制度已经难以催生出最优秀、最杰出的教师。这又该如何改革？我们非常期待有力的、可持续的、责任与荣耀兼具的，能够激发学校、校长、教师

奋发进取的机制与制度的涌现。

三、学校课程创生:"德性与思维"领衔

在树德中学,我们以"树德树人·卓育英才"为思想统摄,秉持"面向未来、面向每一个学生"的理念,整体、系统设计学校课程,不断优化育人实践。近年来,我们以"德性与思维"两大核心素养领衔,创建了"4+3 卓越人生课程体系",努力促进学生的全面发展和个性成长。

"4":指的是"品格课程、学术课程、实践课程、未来课程"四大课程群。其中,"品格课程"立于所有课程之首,主要从"文明养成、德性塑造、责任培育"三个方面着力发展学生的德性水平,培育学生的优秀品质;"学术课程"里有"挑战性课程、发展性课程、援助性课程",分别面向不同发展水平的学生;"实践课程"包含"生活与生存、运动与健康、实验与技术"三个模块;"未来课程"则有"领导力课程、创新力课程、社会性学习课程"。

"3":指的是"校本必修课程、国际选修课程、跨界课程"三大课程群,这三大类课程主要致力于滋养学生的自由心灵、培育学生的创造思维、发展学生的探索精神。"校本必修课程"包括"艺术、体育、阅读、社团、实践、实验、研究"七大模块,"国际选修课程"主要有"知识理论、视觉艺术、宏观经济学、中德美澳国际交流课程"等课程,"跨界课程"包含"学科融合课程(心理学与美术、音乐、体育、生物学、语言等学科的融合)、大'化'西游、箱庭园艺课程"等课程。

创建这样的课程体系,是因为我们致力于追求这样的育人目标:竭诚培养美好生活的追求者和创造者,为造就未来社会的优秀公民、专门人才和领军人物奠定坚实的基础。

高中的超越：价值坚守与形态重塑

——2015年5月中国教育学会高中教育发展论坛主旨演讲（湖南师范大学附属中学）

这是一个改革创新风起云涌的时代，教育也置身其中。但我们必须明白，不同的领域有其独立运行的科学与规律，与之对应的应当是不同的"改革方法论"。在追求教育改革创新发展的今天，我们的高中教育当如何行走，如何写好"坚守与超越"这篇文章，是我们当下尤其要思考的问题，答案将决定教育改革创新是成为浮云流水，还是在真正意义上焕然一新。

现在的教育和相对理想的教育还有"三个距离"：一是"人心"的距离（理念、信念、价值观等），二是教师的距离（眼光、胸襟、才能等），三是实践的距离（科学性、人文性、创造性、开放性等）。

一、教育"人心"的确立：转向对"无限价值"的追求

今天教育的"人心"更多的是在关注和创造"有限价值"（分数、名次、名校、升学率等），而非"无限价值"。我们应该尽最大努力去追求和实现教育中的"无限价值"——责任伦理、生命常识、人格信念、思想情感和精神力量等。

在人才培养的漫漫长路上，不少学校、家庭、社会都还缺乏"百年树人"的沉静与定力，以及富有远见的价值共识和智慧勇气。如果我们拥有纯净、明媚的"人心"，我们就不会期望把每一个孩子都塑造成精英，而是让他成为好的自己。也不会在教育教学过程中，忽略人的天性和情感，而要努力去彰显教育的科学性、人文性和艺术性，用教育的无尽魅力促进学生的自由、全面、生动发展。

二、教师发展的"设计哲学"：关怀、奉献与创造

今天的教师在境界与能力上能否肩负起重振教育荣光的使命？他们的生活与职业境遇是否得到了足够的关注并一直在改善？推动教师发展的人文环境和

制度系统是否在逐步形成？这应当是教师发展的制度和实践设计中必须首先考虑的问题。

要在关怀中滋养出教师最好的生命状态。今天的教师（尤其是名校教师）被包围在那么多冰冷的规定、要求和期待之中，是否我们已经淡忘了他们作为人的存在和感受？在校园生活的无数个细节之中，我们曾经为教师创造过多少温暖？我们如何让教师拥有尊严和自豪，从而激发其源源不竭的职业动力？

推动教师的专业成长，要信守"为教师奉献与创造的哲学"。我们首先应该要了解教师专业发展最需要什么，教师的犹豫和艰难到底在哪里？学校是否具备描绘和实践理想教育的能力，让教师向往并自觉行动？学校能否创建最符合学校和教师发展实际、最能触动人心的学术制度、实践平台与方法路径？

三、实践的超越：重塑课程教学体系

以树德中学为例：打破一套课程面向全体学生的封闭格局。

（一）体系与结构

基础+选择、分类+分层、国家课程与校本课程融合。

（1）基础分类——面向全体。

①品格课程：文明养成、德性塑造、责任培育。

②学术课程：基础学术课程、深度学术课程（整合国家课程和校本课程，形成挑战性课程、发展性课程、援助性课程三层级课程）、国际高中课程。

③实践课程：运动健康、生活生存、综合实践。

（2）志趣分类——面向个体。

语言文学、艺术体育、科学技术、人文社会科学。

（3）学力分层——差异教学。

在实践中，一是分层要超越单一的分数依据，在分数之外更要注重对学生兴趣、禀赋、潜力和学力的综合考量。二是尽可能拓宽课程和学习的边界，超越设计局限，激发人的"可能性"。现在的教育时代是一个没有边界的时代，谁能把教育做得边界无限，谁就占据了教育的制高点。

（二）支持实践的价值要素

1. 创造自由时空

在学校的课程、活动设计中，一定要留白，不要让学生都在他人设计的生活里徘徊，要给予学生自由时空，让他自己去学习、去体验、去实践，去探

索、去发现、去创造，形成真正属于他自己的素养、能力和精神。

2. 塑造德性力量

伦理责任感教育：美国州立大学协会曾经在"通识教育论坛"发表的宣言中指出，批判性思考能力、适应能力与伦理责任感是21世纪大学毕业生成为各行各业领导人物所必需的基本素质。

情感教育：学校教育总是过度关注学生知识的掌握程度，关注学生的行为是否规范，却极大地忽略了学生的内在情感和信念是否发生变化，独立人格是否养成。情感不等于兴趣和爱好。当一个人在学习、研究、工作中面临一个接一个困难和挫折时，兴趣和爱好会逐渐湮灭，唯有对学问、对世界真正的爱才会持久。我们要让学生在知识的获得、思维的养成以及德性培育的过程中，去体验和感受各种情感的高峰，去经历各种内心的变化，从而让知识、思维和德性在情感的触发下，真正地内化于心。

3. 坚守"慢"的教育哲学

教师应当坚信：只有当孩子不被催促得心慌，他才能专注地投入尝试并进行感知，从而在自己的努力中获得进步。当孩子享受到成功带来的成就感时，你想阻止他学习都很困难。